# THÉATRE
# DE FANTAISIE

SCÈNES, SAYNÈTES ET COMÉDIES

*Imprimerie Générale de Châtillon-ſ-Seine. — J. Robert.*

# THÉATRE

DE

# FANTAISIE

*SCÈNES, SAYNÈTES & COMÉDIES*

PAR

## GUSTAVE NADAUD

**PARIS**

TRESSE, ÉDITEUR

GALERIE DU THÉATRE-FRANÇAIS

**AU PALAIS-ROYAL**

—

MDCCCLXXIX

*Tous droits réservés.*

# ENTRE DEUX CHAISES

## MONOLOGUE

### A TROIS MEUBLES

# PERSONNAGE

LEGRIS, avocat.

———————

# ENTRE
# DEUX CHAISES

---

Le cabinet d'un avocat. — Un fauteuil, deux chaises.

---

LEGRIS.

Il entre par le fond, vient sur le devant de la scène, et avant d'ouvrir la bouche, il retourne au fond chercher un fauteuil sur
lequel il s'assied.

C'est étrange, moi qui suis une nature énergique,
un esprit net, un caractère résolu, je me trouve aujour-
d'hui singulièrement embarrassé! Que dire? que faire?
que décider? Moi, Legris, maître Legris, avocat au barreau de Paris, avocat distingué, moi qui donne tous les
jours des conseils aux autres, serais-je réduit à en demander? (Regardant à droite.) Sera-ce celle-ci ? (Regardant à gauche.) Sera-ce celle-là? (Regardant alternativement à droite et à
gauche.) Sera-ce Angélique... dix-sept ans, blonde,
mince, ingénue; complétement ingénue? — Sera-ce
madame Plombière, veuve... sans enfants, âge indécis,
bien conservée, spirituelle, mondaine, assez riche? —
Celle-ci est peut-être un peu jeune. — Celle-là est peut-

être un peu... Moi, je ne suis ni trop jeune, ni trop... Enfin j'ai... trente-neuf ans. Dans six mois j'en aurai quarante et un... environ.

(Se levant.) Ah! quand il s'est agi de me marier, je n'ai pris conseil de personne. Après avoir hésité douze ans, treize ans, quatorze ans... quinze ans, mais hésité volontairement, j'ai conçu avec ma vigueur et ma soudaineté ordinaires une résolution irrévocable. J'ai dit à mes parents, à mes amis, à mes connaissances, connues ou non, du palais, à tout Paris, à l'univers enfin : « je veux une femme, il me faut une femme! » Et voici que... Ah! voici le point délicat : c'est qu'au moment où j'en demande une à cor et à cri, mais une seule, on m'en apporte deux. (A droite.) L'une blonde, ingénue... j'ai déjà dit cela... (A gauche.) l'autre veuve, sans enfants... Je l'ai déjà nommée. (A droite.) Sera-ce...? (A gauche.) Sera-ce...? (Se rasseyant dans le fauteuil.) Eh bien, laquelle dois-je prendre? Conseillez-moi. Hein? Vous dites? La jeune? Non? La... L'autre? Non? Comment? Vous ne connaissez ni l'une ni l'autre? Mais moi non plus. Ah! que je suis donc embarrassé!

J'ai deux amis, deux avocats d'une éloquence... égale mais d'un jugement sûr. Je pourrais les consulter. Seulement je les connais si bien l'un et l'autre que je sais d'avance l'avis qu'ils me donneront. Si je veux épouser Angélique... mademoiselle Angélique, je n'ai qu'à aller trouver Paul Leblanc. Si je désire au contraire contracter avec... je n'ai qu'un mot à dire à Pierre Lenoir. Si je les consulte tous les deux, grâce à ma résolution ordinaire, je serai tantôt pour Leblanc et tantôt pour Lenoir. (Se levant.) Si je les consultais ensemble? Si je mettais aux prises les deux adversaires, de leur discussion calme et approfondie naîtrait peut-être la lumière. Oui, les faire venir ici tous les deux, leur dire : « Asseyez-vous là et là, » m'asseoir au milieu, écouter les plaidoiries et juger! J'entendrai le Normand et le Gascon plaidant tour à tour... Tour à tour c'est une façon de dire, car je les connais, et ils sont capables de se battre.

C'est égal ; je vais les mander à ma barre, et je jure qu'après la séance je prendrai un parti... quelconque... avec ma résolution ordinaire. Voilà qui est bien décidé. (Fausse sortie.) Réfléchissons. Une situation étant donnée, des caractères étant connus, ne puis-je pas avec la sagacité et la pénétration que je me reconnais à moi-même, deviner par induction ce que dira chaque personnage? Si je suis capable de prononcer et d'entendre par la bouche et les yeux de l'esprit les discours des deux orateurs, qu'ai-je à faire de leur personne? Je puis me procurer à domicile les arguments pour et contre, sans faire aucune démarche et sans être humilié par les épigrammes dont messieurs mes confrères n'ont jamais été avares. Parbleu! l'idée est lumineuse, et je veux immédiatement en faire l'application avec ma...

C'est vous, maître Leblanc? Vous arrivez à propos. Asseyez-vous là... non, je me trompe, de l'autre côté. (Il place une chaise à droite.) Vous voici , maître Lenoir? Heureuse coïncidence ! Asseyez-vous là.

> Il place une chaise à gauche et s'assied sur le fauteuil au milieu.

Figurez-vous, messieurs, que j'étais sur le point de sortir pour aller chez vous. J'avais une consultation à vous demander. Puisque ma bonne fortune vous envoie ici, je reste chez moi et j'entre en matière. Vous me connaissez tous les deux pour un homme énergique et décidé? (Regardant alternativement à droite et à gauche.) — Oui. — Oui. — Eh bien, je suis aujourd'hui embarrassé et indécis. — Ah! — Ah! — Je compte sur vous pour me tirer de cette hésitation qui est si éloignée de mon caractère. — Parlez! — Parlez! — Vous n'êtes pas sans savoir que j'ai pris l'héroïque détermination de me marier. Je vous ai fait cette confidence à vous comme à tous mes confrères du palais, et vous l'avez accueillie comme eux avec plus ou moins de gaieté. Vous n'ignorez pas non plus que deux partis se présentent. (Il salue à droite et à gauche.) Il s'agit de savoir si, étant tout à fait décidé à me marier, je dois, pour satisfaire l'opinion publique, la morale, mes convenances et les vôtres, épouser mademoiselle Angélique ou accorder ma main à madame veuve Plombière. La question ainsi posée, je donne, par ordre alphabétique, la parole à maître Leblanc. (Il s'assied à droite, puis se lève.) Un mot et non un discours : Epousez Angélique. (Même jeu à gauche.) Un fait et pas de phrases : Epousez la veuve Plombière. (Au milieu.) Parbleu ; je l'avais bien prévu. Mais, messieurs, il faut des arguments, des discours, sans quoi je resterai toujours dans le même embarras. Plaidez au fond. La parole est à maître Leblanc.

(A droite.) Dix-sept ans, messieurs, comprenez-vous la poésie et l'éloquence de ce chiffre? Dix-sept-ans! Personne encore n'a touché, que dis-je? n'a respiré ce chiffre... pardon, cette fleur d'innocence. Regardez-nous. L'an dernier, nos mains naïves bornaient leurs désirs à l'accoutrement d'une poupée. Aucun trouble ne peut atteindre cette eau calme et limpide. Nos parents ont toujours dû marcher dans le chemin de l'honneur. Le mortel, l'heureux mortel qui nous épousera aura notre première pensée, notre premier parfum. Dix-sept ans, messieurs, dix-sept ans !...

(A gauche.) Mais c'est précisément cette différence d'âge...

(Au milieu.) N'interrompez pas !

(A droite.) Je sais bien que mon adversaire vous dira : « C'est précisément cette différence d'âge qui rend cette union impossible. » J'avais prévu l'objection et j'y réponds avant qu'elle se produise. Il est bien vrai que d'un côté (Il désigne la chaise du milieu.) on a dix-neuf... je veux dire trente-neuf ans... je néglige la fraction. Mais n'a-t-on pas la jeunesse du cœur, la première fraîcheur du sentiment, j'oserai dire aussi la flamme des passions ? N'est-on pas bien constitué, robuste et prêt à l'action comme à la parole ? N'employez donc pas cet argument.

(A gauche.) Ouais, maître Leblanc, vous savez où le bât vous blesse. Ah ! nous avons trente-neuf ans ? Vous négligez trop les fractions, maître Leblanc. Et vous, mon cher Legris, croyez-m'en, si vous êtes décidé (avec votre caractère énergique) à vous marier quand même et à tout prix, épousez une veuve ; demandez qu'elle ait à peu près votre âge. (Je sais que c'est beaucoup demander.) Cherchez une femme qui vous inspire des idées d'ordre, de quiétude, d'intimité bourgeoise et pacifique. Nous avons beaucoup vécu, Legris.

> L'âge se fait sentir à nos temps arides,
> Nous perdons des cheveux et nous gagnons des rides.

(Au milieu en regardant la chaise à droite.) Eh bien ! Angélique, vous ne répondez pas ? (A droite.) Je ne suis pas au bout de mon rouleau. Mais, insensé, vous ne pensez donc pas à l'avenir, aux joies de la famille, au nom honorable qu'il s'agit de perpétuer?

(A gauche.) Par pitié pour vous-même, n'insistez pas là-dessus! maître Leblanc a toujours le talent de lancer en l'air des arguments qui lui retombent sur la tête.

(A droite.) Tout le monde sait que maître Lenoir n'a pas l'habitude d'abuser de la politesse envers ses adversaires. Mais nous connaissons les mobiles qui le font agir, et puisqu'on n'a pas craint de nous attaquer, nous allons aborder un autre ordre de faits et prouver que dans l'espèce les sentiments les plus bas et les appétences les plus désordonnées ont inspiré nos adversaires. Je ne sépare plus l'avocat du client. La solidarité de l'intérêt les tient étroitement unis. Qu'on le sache donc. Il y a ici une question d'argent. Vos dénégations ne font que confirmer notre conviction. Oui, la veuve est riche, elle est très-riche ; elle est trop riche ; mais cette fortune qui vous fait passer sur les défauts physiques et moraux d'une femme qui a été capable d'avoir pour un autre homme, (son mari, j'en conviens, mais un autre homme) des soins, des attentions, peut-être plus encore, cette fortune, dis-je, savez-vous comment elle a été acquise ? Non, vous ne le savez pas ? Eh bien, moi non plus. Donc l'origine en est inconnue, donc suspecte. Et ce mari, ce premier mari, où est-il ? Qui se portera garant de son honneur ? Vous me dites qu'il est mort jeune ? Mais s'il était jeune pourquoi est-il mort ? Comment, voici un homme qui, selon vous-même, était dans les meilleures conditions pour vivre heureux, pour vivre longtemps et il meurt ! Il meurt avant l'âge, sans dire pourquoi ; en laissant (qu'on le remarque !) toute sa fortune à sa femme ! Mais cette femme, qui me dit qu'elle n'a pas contribué dans la mesure de ses moyens à abréger les jours de son époux infortuné? Ne vous indignez pas, messieurs, nous autres, hommes de loi ou magistrats, nous avons tous les jours sous les yeux des exemples d'assassinat pour des motifs plus futiles et pour des intérêts moins considérables. A Dieu ne plaise que j'accuse la veuve... la veuve Plombière d'avoir attenté directement aux jours de feu son mari. Non, je le saurais que je ne le croirais pas. Mais à côté du crime matériel n'y a-t-il pas l'attentat moral? N'y a-t-il pas la guerre de tous les jours, les piqûres d'épingle, les soucis, les contrariétés? Qui sait? Le choix des aliments qui peuvent exercer une influence pernicieuse sur le tempérament; les petites roueries féminines qui se traduisent en peines ou en plaisirs et qui acheminent tout doucement un homme sensible vers le tombeau.

Cette doctrine pourrait se résumer en un mot : l'assassinat infinitésimal... Je ne dis rien, je n'insinue rien; mais il y a ici un mort digne de votre respect. Je cherche le meurtrier... Où est-il? Qui peut-il être?... Vous frémissez, messieurs...

(A gauche.) Ah! ah! ah! Je frémis? Viens voir comme je frémis! Allons, allons, maître Leblanc, nous n'avons jamais aussi bien parlé.

Venez donc, chaste Angélique, divine Angélique. Madame Plombière, quand elle s'est mariée, ou avant de se marier, avait aussi dix-sept ans... dix-sept ans! Comprenez-vous tout ce qu'il y a de poésie, etc., etc. Mais feu Plombière était jeune alors.

Venez, belle Angélique (dix-sept ans pas plus), poser votre couronne de rosière sur les cheveux rares et mé-langés de votre époux. Vous voici tous deux en ménage. Quel assortiment, quel triomphe des compensations ! Ce qui manque chez l'un abonde chez l'autre. La place déserte là est couverte chez l'autre d'une splendide moisson. Un seul bonheur nous manque entre tous les bonheurs. Nous aurions voulu qu'un Legris au moins perpétuât cette race vigoureuse et résolue. Impossible! ce n'est pas que monsieur soit trop vieux, c'est madame qui est trop jeune! Mais quelle erreur! Qu'ai-je dit? Que vois-je? Quelle est cette longue série de portraits de famille qui commence ici et qui ne finira jamais? Quoi! Georges Dandin se plaignait-il de n'avoir pas d'enfants? En voici parbleu, et plus qu'on n'en veut. Madame Dandin, madame Legris, veux-je dire, est maintenant dans tout l'éclat de la beauté! La maison ne manque pas d'amis. Le bois manque-t-il à la forêt, le foin à la prairie et les avocats au Palais ?

Angélique est arrivée à l'âge de madame Plombière ; mais elle n'est pas veuve encore. Son mari a maintenant soixante et... je néglige les fractions. Il est gênant ce podagre-là. Eh bien! maître Leblanc a indiqué tout à l'heure un moyen ingénieux de se priver de lui. Tout le monde voudra aider la pauvre femme dans l'accomplissement de cette œuvre philanthropique que maître Leblanc avec sa maladresse ordinaire a appelée l'assassinat... Oh ! maître Leblanc, il eût été plus poli de dire la suppression persuasive. Au reste madame veuve Legris... n'anticipons pas... madame Legris est restée l'amie de cet excellent avocat Leblanc qui lui indiquera les moyens secrets, les pratiques délicates par lesquels on peut abréger les derniers jours. Mais que dis-je, le moribond serait trop lent à mourir. L'avocat se fait médecin, pharmacien, vétérinaire, il purge, il saigne, il achève par le poison, par le fer, par le feu, ces débris humains, ce cadavre obstiné. Adieu, adieu, pauvre Legris! Oh! la belle veuve, belle, riche, qui va l'épouser? Parbleu! son complice Leblanc, le docteur Leblanc. Non, il est trop vieux aussi celui-là. Mais il a un fils, un fils providentiel. Qui doit épouser la veuve de l'assassiné, si ce n'est le fils de l'assassin?

(A droite.) Vous êtes un calomniateur!

(A gauche.) Vous n'avez pas de témoins.

(A droite.) Un insolent!

(A gauche.) Je le sais bien.

(A droite.) Un drôle!

(A gauche.) Parfait!

(A droite.) Vous diffamez un galant homme.

(A gauche.) Quoi! ce pauvre Legris, ce piteux Legris, ce gros imbécile que je vois-là assis dans ce fauteuil?

(A droite.) Je me moque bien de Legris, de son fauteuil et de sa femme.

(A gauche.) Allez vous promener.

(A droite.) Vous pouvez dire que Legris est un mari stupide, ridicule et malheureux; mais vous m'avez insulté et je vous en demande raison.

(A gauche.) Ta, ta, ta, ta!

(A droite.) Polisson!

(A gauche.) Gamin!

(Au milieu. — Il prend les chaises de droite et de gauche et les cogne l'une contre l'autre.) Et vli! et vlan! Et pif! et paf! (Jetant les chaises à droite et à gauche.) Et voilà cependant à quoi servent les avocats. Au diable les donneurs de conseils. Je n'en ferai qu'à ma tête et j'épouserai... Angélique. (Il relève la chaise de droite.) A moins que je n'épouse madame Plombière. (Il relève la chaise de gauche et fait mine de sortir, mais revient.) A moins que je n'épouse ni l'une ni l'autre.

Il se retire en emportant les deux chaises qu'il place au fond de l'appartement et sort par le fond.

FIN DE ENTRE DEUX CHAISES

# SIMILIA CONTRARIIS

## DIALOGUE

### EN TROIS SCÈNES

# PERSONNAGES

ALFRED, médecin de la Faculté.
HENRI, médeicn homœopathe.

# SIMILIA CONTRARIIS

La scène est dans le cabinet d'Henri, cabinet de médecin, bureau chargé de fioles et de papiers, un fauteuil, deux chaises.

## SCÈNE PREMIÈRE

HENRI.

Il entre par la gauche et dit au fond à la cantonade :

Faites attendre. (Il pose son chapeau sur le bureau et ouvre un journal. Lisant.) Salicylate ; salicylate ; ils commencent à m'ennuyer avec leur salicylate. (Regardant ses fioles.) Belladone, noix vomique, aconit, ciguë, arsenic, à la bonne heure ! Voilà des poisons estimables ! (Apercevant Alfred à la porte du fond.) Alfred !

ALFRED, avec emphase.

Oui, c'est Agamemnon-Alfred-Athanase Archambaud, docteur de la Faculté de Paris, ex-interne à la Pitié, candidat perpétuel à la chaire d'anatomie comparée, chevalier de la Légion d'honneur, accablé d'une foule d'ordres étrangers, qui viens te faire une visite à toi, le révolutionnaire, l'utopiste, l'iconoclaste...

HENRI.

Dis tout : l'homœopathe !

ALFRED.

L'homé... l'homé..., c'est toi qui l'as nommé; (D'un ton naturel.) Je passais devant ta porte et je suis monté chez toi, ne me souvenant que de notre vieille amitié.

HENRI.

Et tu as bien fait. Nous pouvons être divisés par les opinions, nous le ne serons jamais par le cœur.

ALFRED, ôtant son chapeau.

A la bonne heure! On fait donc antichambre chez toi ?

HENRI.

Comme chez vous.

ALFRED.

Pendant que Monsieur lit son journal ?

HENRI.

Tu as forcé la consigne pour entrer ?

ALFRED.

Nous sommes dans le secret des dieux. Et cependant, il me semble que je respire ici un air de sarcasme et d'irréligion.

HENRI.

Non, c'est l'atmosphère de l'affection et de la confraternité. Assieds-toi là, comme on dit, et causons.

ALFRED.

M'asseoir, oui: causer, je le veux bien; mais... mais... mais...

HENRI.

Mais... pas un mot de médecine !

ALFRED.

C'est cela ! je te préviens qu'à la première syllabe malsonnante, je me couvre et je me lève.

HENRI.

C'est convenu.

ALFRED.

Quid novi ?

HENRI.

Nihil, niente, nothing; en français, pas grand' chose.

ALFRED.

Comment va ta femme ?

HENRI.

Pas mal, et la tienne ?

ALFRED.

Très-bien ! La femme d'un médecin..., tu comprends...

HENRI.

Prends garde, tu fais de la propagande.

ALFRED.

Bon, parlons d'autre chose.

HENRI, *cherchant un sujet de conversation.*

Soit. — Tu vas bien... ?

ALFRED, *même jeu.*

Pas mal... et toi ?

HENRI.

Comme tu vois. J'ai bien eu, ces jours-ci, un malaise qui pouvait devenir grave; mais grâce à...

ALFRED, *se levant.*

Silence ! ou je me couvre.

HENRI.

C'est juste, je m'arrête.

ALFRED, *se rasseyant, après un silence.*

Alors... tu vas bien ?

HENRI.

Mais oui, s'il ne m'est pas défendu de m'exprimer ainsi.

ALFRED, *après un silence.*

Maintenant que nous nous sommes dit tout ce que nous avions à nous dire...

*Il se lève.*

HENRI.

Tu veux déjà me quitter ?

ALFRED.

J'ai un tas de malades qui m'attendent.

HENRI.

Oh ! pas tant que cela. Veux-tu accepter un cigare ?

ALFRED.

Merci ! Je ne fume pas, ou plutôt je ne fume plus.
J'ai acquis la conviction que la moitié des hommes
s'empoisonnent par la nicotine, et je défends le tabac
à tous mes clients qui ne s'en trouvent pas plus mal.

HENRI.

Toujours de la propagande !

ALFRED.

Allons ! je me sauve.

HENRI.

Bah ! tu n'es pas si pressé.

ALFRED.

Mais si, mais si ; la grippe donne énormément.

HENRI.

La grippe ? qu'est ce-que c'est que cela ?

ALFRED.

Tu ne sais pas ce que c'est que la grippe ! La grippe,
c'est... Ma foi, je pourrais bien la définir scientifique-
ment, mais pas avec toi... Enfin, c'est la grippe.

HENRI.

Ah ! je sais ce que tu veux dire ; c'est cette petite affaire qui vient à la gorge.

ALFRED.

Précisément, elle sévit de toutes parts.

HENRI.

Et vous traitez ces affections-là ?

ALFRED.

Parfaitement : et vous ne les traitez pas, vous autres ?

HENRI.

Non, nous les guérissons.

ALFRED, se levant.

Aïe ! tu marches sur ma frontière.

HENRI, le retenant.

C'est vrai, n'en parlons plus. Rassieds-toi donc. Ce cher Alfred !

ALFRED, se rasseyant.

Ce bon Henri !

HENRI, après un silence.

Il y a bien longtemps que nous nous connaissons, hein ?

ALFRED.

Qui aurait pu dire, il y a vingt ans, que nous suivrions dans la même carrière deux routes si opposées ?

HENRI.

C'est vrai ; l'un tourne à droite, et l'autre à gauche.

ALFRED.

C'est-à-dire que l'un tourne à gauche et que l'autre reste à droite.

HENRI.

Comme tu voudras.

ALFRED.

Tu étais pourtant un esprit sage, droit, réfléchi.

HENRI.

Tu avais des idées hardies, et même un peu aventu-
reuses.

ALFRED.

Comme tout change !

HENRI.

Tous les sept ans, dit-on.

ALFRED.

Plus je te regarde, et moins je te comprends.

HENRI.

Plus je me souviens, et plus je reste confondu !

ALFRED.

Henri attelé aux rêves creux de l'homœopathie.

HENRI.

Alfred enfoncé dans l'ornière de la Faculté.

ALFRED.

Avec ta rectitude de jugement !

HENRI.

Avec ta brillante imagination !

ALFRED.

Tu aurais maintenant un hôpital, une chaire, des
consultations.

HENRI.

Tu aurais une école, un parti, des fanatiques !

ALFRED.

Entre nous, comment as-tu pu donner dans de pareilles extravagances ?

HENRI.

Sincèrement, laisse-moi te demander comment tu as pu te soumettre à un tel esclavage ?

ALFRED.

Ne touchons pas à l'arche.

HENRI.

Respecte donc mon idole.

ALFRED.

Ainsi, des globules ?

HENRI.

Ainsi, des saignées ?

ALFRED.

Un demi-millionième de gramme dissous dans dix mille litres d'eau !

HENRI.

De la rhubarbe, de l'huile de ricin, des vésicatoires, des cautères ?

ALFRED.

Tu m'attaques, je vais riposter.

HENRI.

Tu as commencé, je te réponds.

ALFRED.

Et tu as réellement des malades ?

HENRI.

Sans doute, mais moins que vous autres.

ALFRED.

Ah ! à la bonne heure !

HENRI.

Parce que nous les guérissons plus vite.

ALFRED.

Il y a pourtant dans ce monde tant de gens crédules.

HENRI.

Il y a encore plus d'encroûtés.

ALFRED.

Ainsi tu nous prends pour des mulets, des oies, des crétins !

HENRI.

Pas plus que tu ne nous prends pour des ânes, des dindons et des charlatans.

ALFRED.

Voyons, entre quatre-z-yeux, tu peux bien me le dire, je n'irai pas le répéter : tu crois à tes infiniment petits, petits, petits ?

HENRI.

Voyons, la main sur la conscience, crois-tu à tes infiniment grands, grands, grands ?

ALFRED.

Allons! je vois que nous ne nous entendrons jamais.

HENRI.

Tu me parles en hébreu, je te réponds en chinois.

ALFRED, se levant.

Ecoute, et ne crois pas que je veuille plaisanter. Tu sais, mon cher camarade, que nous avons été liés comme deux frères. Je te souhaite du fond du cœur toutes les prospérités; mais (ne va pas rire), si jamais tu tombais malade, et qu'il te vînt des doutes sur ta doctrine médicale (cela s'est vu), pas de respect humain ! Viens me trouver, je serai là tout dévoué et tout prêt à te servir selon la formule.

HENRI.

Merci. Je te crois et je te réponds sérieusement. Si jamais (ce qu'à Dieu ne plaise !) il te survenait une de ces maladies auxquelles la Faculté ne connaît pas grand'chose (il y en a), un cas improbable, un cas désespéré, pas de préjugés ! appelle-moi et je te guérirai.

ALFRED.

Adieu et bonne santé.

HENRI.

Au revoir et porte-toi bien.

Alfred sort par le fond.

HENRI, à la cantonade.

Faites entrer !... Ah!... il n'y a personne.

Il sort par la gauche.

# SCÈNE II

HENRI, entrant par la gauche.

S'il est ici-bas un aveu pénible à faire, c'est celui-ci : Je suis médecin et ma femme est malade, c'est-à-dire je suis boulanger et je n'ai pas de pain, je suis bottier et je manque de chaussures. Oui, Hortense est souffrante, elle m'inquiète. Si elle n'était pas ma femme, je con-

naîtrais sa maladie et par conséquent je la guérirais :
mais il suffit que je sois son mari pour que le diagnostic
me fasse défaut et que le traitement m'échappe. Voilà
un cas qui me surprend, un mal qui m'est complétement inconnu. J'ai éprouvé la vertu de tous mes globules sans obtenir le moindre soulagement. Pas un
poison n'a réussi, ni la strichnine, ni la noix vomique,
ni l'arsenic; j'ai été jusqu'au salicylate, mon ennemi,
sans le moindre succès. Je suis pourtant bien sûr de
ma méthode. Quand j'ai affaire à des étrangers, je n'hésite jamais ; je les sauve ou ne les sauve pas avec une
assurance complète. Mais quand il s'agit de nous ou des
nôtres, c'est différent. Notre confiance en nous-mêmes
nous abandonne, et le doute, l'affreux doute, vient
nous envahir. Je suis bien seul ! Est-ce que je me serais
trompé toute ma vie ? L'homœopathie serait-elle une
chimère ? Alfred aurait-il raison ? Je me souviens qu'un
jour, sur cette chaise, il m'a dit... Qui sait ?... Il pa-
raissait bien certain de son affaire. Il a derrière lui l'expérience des siècles. Si j'allais le voir, causer avec lui,
tranchons le mot, le consulter ? C'est un ami ; il est
discret. Dieu ! si mes confrères venaient à savoir...
Après tout je suis bien libre. Il s'agit du salut de ma
femme. Deux bougies éclairent mieux qu'une seule.
Au diable les scrupules d'école ! Je vais chez Alfred !

ALFRED, entrant tout effaré par le fond.

Personne ne peut nous entendre ?

HENRI.

Non.

ALFRED.

Mon ami, te souviens-tu de ce que tu m'as dit un

2

jour, à cette même place devant cette chaise ? T'en souviens-tu ?

HENRI.

Parfaitement ! tu me disais : « Si jamais... »

ALFRED.

Non, c'est toi.

HENRI.

Pardon, c'est toi.

ALFRED.

Mais non, c'est toi qui me disais : « Si jamais une maladie inconnue, un cas désespéré... »

HENRI.

Eh bien ?

ALFRED.

Eh bien ! je viens réclamer l'effet de ta promesse. Oui, mon ami, ma femme...

HENRI.

Ta femme aussi ?

ALFRED.

Ma pauvre femme est sérieusement atteinte : un mal que j'ignore, un cas nouveau... très-curieux, d'ailleurs. Je ne puis t'expliquer une maladie que je ne m'explique pas moi-même. J'ai essayé tous les remèdes, épuisé les ressources de la médecine. Rien, rien ! Je me sens découragé. L'homme, fût-il médecin, n'est pas infaillible. J'en suis venu à douter de la science, à me demander si toute ma vie passée n'a pas été une erreur. Alors, je me suis rappelé notre entretien, notre amitié, ta confiance dans la certitude de ta méthode.

HENRI.

Moi qui justement voulais...

ALFRED.

Je me suis dit : Henri ne me trahira pas. Il ne voudra pas abuser de la haute opinion que j'ai de son talent, du mépris que je fais du mien. Tu trouveras que je m'humilie, mais il y va du salut de ma pauvre femme !

HENRI.

C'est que précisément...

ALFRED.

Ton système que je ne veux pas juger en ce moment trouvera peut-être des ressources que notre école ignore. Nous n'avons pas fait un pas depuis Hippocrate, et notre sapience n'est peut-être que de la routine. Viens voir ma femme ; soigne-la, guéris-la. C'est moi qui t'en prie.

HENRI.

Un seul mot ! Le service que tu me demandes, je le réclame de toi. Ma femme aussi est malade.

ALFRED.

Ta femme ! quelle maladie ?

HENRI.

Je n'en sais rien.

ALFRED.

Je la guéris.

HENRI.

Que le ciel t'entende !

ALFRED.

Charge-toi de ma femme, je réponds de la tienne.

HENRI, montrant la gauche.

Entre donc ici, je cours chez toi.

ALFRED, entrant à gauche.

Au revoir et bonne chance !

HENRI, sortant par le fond.

A bientôt et bon espoir !


# SCÈNE III


ALFRED, entrant par le fond.

Dans mes bras !

HENRI, entrant par la gauche.

Dans les miens !

ALFRED.

Mon bienfaiteur !

HENRI.

Mon sauveur !

ALFRED.

Tu m'as rendu ma femme, ma vie, mon trésor !

HENRI.

Je te dois tout ce qui me rattache à la terre.

ALFRED.

Comment pourrai-je m'acquitter?

HENRI.

Et moi donc?

ALFRED.

Ce n'est pas avec e l'argent.

HENRI.

Tout l'or du monde n'y suffirait pas.

ALFRED.

Ce n'est pas avec un million.

HENRI.

D'ailleurs, je t'en devrais autant.

ALFRED.

Partant...?

HENRI.

Quittes.

ALFRED.

Ainsi, ta femme va tout à fait bien?

HENRI.

Guérie, mon ami! Plus une trace, pas de convalescence. Elle n'est pas malade. Elle ne l'a pas été. Et la tienne?

ALFRED.

J'en suis à me demander si je n'ai pas été dupe d'une hallucination quand je l'ai crue en danger.

2.

HENRI.

Comment t'y es-tu pris pour tirer Hortense de ce mauvais pas ?

ALFRED.

Comment as-tu ressuscité Amélie au dernier moment?

HENRI.

Un globule.

ALFRED.

Une saignée.

HENRI.

C'est admirable !

ALFRED.

C'est inouï !

HENRI.

Ainsi tu crois qu'un petit coup d'acier dans une veine... ?

ALFRED.

Tu crois qu'un dix-millionnième de gramme... ?

HENRI.

Sais-tu que de pareils miracles sont bien faits pour porter à la réflexion !

ALFRED.

Je n'ai pas encore bien ma tête à moi, et je me demande si, en définitive, vous n'auriez pas raison contre nous.

HENRI.

C'est précisément la question que je me pose à moi-même.

ALFRED.

Je commence à m'expliquer ta théorie.

HENRI.

Oui, une petite saignée déplace la masse du sang, amène une diversion.

ALFRED.

Un globule produit exactement le même effet, sans gêne, sans douleur, sans effusion de sang.

HENRI.

Mais je suis bien forcé de convenir que la lancette vaut mieux puisque tu as sauvé ma femme.

ALFRED.

Mais puisque tu as sauvé la mienne dont je désespérais, le globule est supérieur.

HENRI.

Je crois que l'expérience des siècles vaut mieux que la rêverie d'un illuminé.

ALFRED.

Je crois que l'idée moderne doit s'élever sur les ruines de la vieille pratique.

HENRI.

Je te dis que je t'avoue mon vainqueur.

ALFRED.

Je te dis que je me rends à ton système.

HENRI.

Et que je rentre dans le giron de la Faculté.

ALFRED.

Et que je brise les entraves de l'école.

HENRI.

Et que je deviens ton collègue.

ALFRED.

Et que je me fais homœ..... ah bah !..... opathe !

HENRI.

Des globules ?

ALFRED.

Des saignées ?

HENRI.

Le dix-millionième de gramme dissous dans dix mille litres d'eau ?

ALFRED.

La rhubarbe, l'huile de ricin, les vésicatoires, les cautères ?

HENRI.

Oui, je brise mes autels !

ALFRED.

Je brûle mes dieux !

HENRI.

Dans mes bras !

ALFRED.

Dans les miens ! mon bienfaiteur !

HENRI.

Mon sauveur !

ALFRED, regardant sa montre sans lâcher prise.

Trois heures et demie ! Adieu, j'ai un client qui m'attend.

HENRI, même jeu.

Moi aussi, j'oubliais l'heure. Va chez ton malade, ami, et sauve-le. Quelle maladie a-t-il ?

ALFRED.

Quelle maladie ? Ma foi, je n'en sais trop rien... Une maladie qui... que... je ne comprends pas bien, une maladie qui a quelque rapport avec celle que vient d'avoir ma femme. — Et le tien ?

HENRI.

C'est assez singulier : j'ai aussi à traiter une affection qui ressemble à celle que tu viens de guérir chez Hortense.

ALFRED.

Et comment vas-tu la traiter ?

HENRI.

Je voudrais bien le savoir, et toi ?

ALFRED.

Je serais bien embarrassé de te le dire. En résumé, je ne sais faire qu'une chose.

HENRI.

Je suis bien près de t'en offrir autant.

ALFRED.

Je ne connais que la route de mon moulin.

HENRI.

Baste ! On guérit avec tous les systèmes.

ALFRED.

Je ne vais pas me faire écolier à mon âge.

HENRI.

Je ne peux pas dire que j'ai été toute ma vie un imbécile.

ALFRED.

J'aime mieux avoir tort avec les grands esprits que raison avec les... autres.

HENRI.

Plutôt pécher par audace que par timidité.

ALFRED.

Et tu restes ?

HENRI.

Homœopathe effréné.

ALFRED.

Et moi, Gros-Jean, comme devant.

HENRI.

Et tu fais bien.

ALFRED.

D'ailleurs, j'y pense, si tu as guéri ma femme, j'ai guéri la tienne.

HENRI.

Et moi ! Je t'ai rendu ton Amélie, si tu as sauvé mon Hortense.

ALFRED.

Parfaitement juste !

HENRI.

Dis donc : ton client a la maladie de ta femme ?

ALFRED.

Et le tien, celle de la tienne ?

HENRI.

Si nous troquions nos malades ?

ALFRED.

C'est une idée... ; mais elle est mauvaise.

HENRI.

Pourquoi ?

ALFRED.

La confiance ne se commande pas. La médecine est une religion ; c'est la foi qui sauve.

HENRI.

Et mieux vaut mourir avec elle, que guérir sans elle.

ALFRED.

Parfaitement.

HENRI.

Tu dois avoir raison.

ALFRED.

Adieu, mon ami, mon sauveur !

HENRI.

Adieu, mon maître ! Attends-moi ; de quel côté vas-
tu ?

ALFRED.

Je prends à droite.

HENRI.

Moi je tourne à gauche, nous allons faire route ensemble.

Fausse sortie.

ENSEMBLE, sur le devant de la scène.

Mais si jamais tu tombais malade !

ALFRED.

Je t'appelle immédiatement.

HENRI.

Je te somme de me guérir.

ALFRED.

C'est convenu ?

HENRI.

Touche là !

ENSEMBLE.

Et maintenant, à nos malades !

Ils sortent par le fond.

FIN DE SIMILIA CONTRARIIS

# MISS ARABELLA

SAYNÈTE

# PERSONNAGES

M. GERVAIS.
Mme GERVAIS, sa femme.
MISS ARABELLA, américaine.

# MISS ARABELLA

La scène dans le salon de M. Gervais, à Paris.

—

## SCÈNE PREMIÈRE

### GERVAIS, AMÉLIE.

Ils entrent par la droite.

GERVAIS.

C'est un enfer que cette maison !

AMÉLIE.

Je le crois bien, elle est habitée par le diable.

GERVAIS.

Le diable est des deux sexes.

AMÉLIE.

Le diable fort et le diable faible.

GERVAIS.

Moi qui suis bon comme le pain.

AMÉLIE.

Le pain du siége. Aujourd'hui, comme souvent vous avez trop copieusement déjeuné !

GERVAIS.

Des côtelettes brûlées et du poisson saignant.

AMÉLIE.

Et le vin de Xérès... échauffant.

GERVAIS.

C'est vous qui m'échauffez la bile. Et dire que j'ai adoré cette femme !

AMÉLIE.

Oui, on sait bien ce que ce que vous adoriez en elle.

GERVAIS.

Jamais le besoin du divorce ne s'est fait plus vivement sentir.

AMÉLIE.

On peut se séparer.

GERVAIS.

A l'amiable ?

AMÉLIE.

A l'amiable, joli mot... amiable !

GERVAIS.

C'est pour y mettre des formes, car vous mériteriez... Je vous demande un peu s'il est permis de commettre de pareilles incartades, de publier à mon insu, dans le *Figaro*, cette annonce : (Il lit.) « Une dame du grand monde... » (Parlé.) Du grand monde, une petite bourgeoise.

AMÉLIE.

Les femmes sont ce qu'on les fait.

GERVAIS, reprenant sa lecture.

« Une dame du grand monde qui a trois heures à perdre par jour (de une à quatre heures), désirerait trouver une dame de compagnie bien élevée et instruite, qui pût la distraire par une conversation enjouée, et faire sa partie de bésigue ou d'écarté. » Qu'en dites-vous ?

AMÉLIE.

Je ne me suis pas nommée.

GERVAIS.

Mais vous avez ajouté . « S'adresser, rue Neuve des Mathurins, 28, au premier. » Or, tout Paris sait que je demeure, au premier, 28, rue Neuve des Mathurins.

AMÉLIE.

Cela vous apprendra, monsieur à sortir tous les jours après votre déjeuner, à courir je ne sais où jusqu'à l'heure du dîner. Scène le matin, scène le soir, avec un entr'acte de trois heures pendant lequel je ne sais que devenir, car tout le monde sait aussi que les visites ne se font qu'après quatre heures.

GERVAIS.

Et c'est pour cela qu'il vous faut une dame...

AMÉLIE.

De compagnie. Oui, monsieur j'ai besoin de causer et de faire une partie de cartes.

GERVAIS.

Le jeu, c'est-à-dire le vice.

AMÉLIE.

C'est bien à vous d'en parler.

GERVAIS.

Tout le monde me donne raison.

AMÉLIE.

Toutes les femmes vous donnent tort.

GERVAIS.

Cela commence à faire du bruit dans Paris.

AMÉLIE.

Vous allez dire partout que je suis une folle, que je n'ai ni ordre, ni économie.

GERVAIS.

Et pour en revenir à votre annonce, vous croyez que vous trouverez une personne dans les conditions voulues ?

AMÉLIE.

Elle est toute trouvée, elle est ici.

GERVAIS.

Chez moi !

AMÉLIE.

Chez nous.

GERVAIS.

C'est encore une dépense de mille écus dont vous allez grever mon budget.

AMÉLIE.

Elle est entrée à des conditions beaucoup plus douces.

GERVAIS.

Et nous aurons ainsi à domicile un témoin de nos discordes ?

AMÉLIE.

Oh ! des témoins, qui m'en donnera, des témoins ?

GERVAIS.

Des juges ! je réclame des juges !

AMÉLIE.

Vous savez bien que j'ai fait, en vous épousant, un mariage d'inclination ?

GERVAIS.

Grand merci ! Il y a prescription.

AMÉLIE.

Vous aviez ce que vous appeliez l'amour; mais votre amour n'ignorait pas que j'étais plus riche que vous... et que lui.

GERVAIS.

Cette insolence mériterait un châtiment.

AMÉLIE.

Oui, essayez !

GERVAIS.

Si je n'étais pas un homme si bien élevé...

AMÉLIE, criant.

C'est odieux, c'est scandaleux, c'est monstrueux, c'est..

## SCÈNE II

### Les Mêmes, MISS ARABELLA.

AMÉLIE, *se calmant tout à coup.*

C'est miss Arabella, vous savez, mon ami, la dame, la demoiselle anglaise...

ARABELLA.

Américaine !

AMÉLIE.

Américaine soit, dont je vous ai parlé, mon chéri.

GERVAIS, *à part.*

Comédienne !

AMÉLIE.

Miss Arabella, je vous présente M. Gervais, mon mari, c'est ce qu'on appelle un joli monsieur.

GERVAIS, *à part*

Coquine !

ARABELLA.

Vous dites, un joli... Ah yes, *a pretty gentleman.*

GERVAIS.

Vraiment ma femme est trop aimable. Je reconnais bien là ses façons ordinaires et... charmantes.

AMÉLIE.

Mon ami, miss Arabella n'est pas une dame de com-

pagnie comme les autres. D'abord elle ne veut pas recevoir d'honoraires, mon tendre époux.

ARABELLA.

*No money.*

GERVAIS.

Mon ange, nous ne pouvons accepter.

ARABELLA.

Oh ! acceptez ! J'ai de quoi vivre honorablement, in-
dépendante. En lisant l'annonce du *Figaro*, j'ai trouvé
le *truc* original. J'ai pris tous mes renseignements.
J'ai su que vous étiez des gens comme il faut, bonne
bourgeoisie, *real gentry*, que vous n'avez pas d'enfants, pas de bêtes, je ne peux pas souffrir les enfants.
Oh ! j'ai mes références. Vous avez vie confortable,
bonne cuisine.

GERVAIS.

Merci ! côtelettes brûlées et poisson saignant !

ARABELLA.

Vous êtes assez intelligents, suffisamment instruits ; et
comme je veux me fortifier dans la langue française,
je me suis dit que je serai votre élève. Reprenez-moi,
je vous prie, quand je ferai des fautes. Or, chez nous,
les professeurs, n'ont pas l'habitude de payer leurs
élèves ; c'est tout le contraire. Je vois donc bien à quoi
vous pourrez m'être utiles, mais je ne vois pas quels
sont les services que je pourrai vous rendre.

AMÉLIE.

Je vous dirai cela quand nous serons seules. Il faut
que vous sachiez que mon charmant époux mon

3.

*pretty gentleman,* a l'habitude de me quitter tous les jours entre le déjeuner et le dìner.

GERVAIS.

Oh ! Amélie.

AMÉLIE.

Pour ses affaires, n'est-ce pas, mon loulou ? Oui, entre une et sept, il me laisse libre, parfaitement libre, trop libre; il a tant d'affaires ! Et comme les visites ne commencent guère avant quatre heures et demie, j'ai là trois bonnes heures.

ARABELLA.

Bonnes heures? expliquez.

AMÉLIE.

Dans ce sens, bonnes veut dire longues.

ARABELLA.

Yes, longues heures, mauvaises alors.

GERVAIS.

Très-bien.

AMÉLIE.

Mais allez-vous en donc, mon cher trésor. Vous n'avez pas allumé votre cigare ? A quoi pensez-vous ?

GERVAIS.

Je ne puis laisser une personne qui nous fait visite, à qui vous m'avez présenté et qui m'intéresse beaucoup, ma tendre amie, puisqu'elle doit devenir votre société la plus intime. Installez-vous à votre gré, miss, vous êtes chez vous.

ARABELLA.

*Home, home, sweet home !*

AMÉLIE.

Toujours aimable (A part.) avec les autres. (Haut.) Miss Arabella, puisque vous avez pris vos renseignements, vous devez savoir que j'ai une passion malheureuse... j'adore...

ARABELLA.

Votre mari !

AMÉLIE.

Oui, cela va sans dire.

GERVAIS.

Sans dire.

ARABELLA.

Sans dire ? Je comprends pas « sans dire. »

AMÉLIE.

Tellement certain qu'on n'a pas besoin de le dire.

ARABELLA.

Oh ! yes ! Indubitable.

GERVAIS.

C'est cela.

AMÉLIE.

Eh bien ! cette passion, cette autre passion...

ARABELLA.

Oh ! je sais : la partie de cartes.

AMÉLIE.

Vous l'aimez aussi ?

ARABELLA.

Avec manie, comment dites-vous ? Fureur ?

AMÉLIE.

Mon ami, soyez assez gracieux pour dresser la table.

GERVAIS, à part.

Moi ? avec *foureur*.

ARABELLA.

Mais je n'aime que deux jeux.

AMÉLIE.

Le bésigue et l'écarté.

ARABELLA.

Oui, j'ai lu dans le *Figaro*. Mais je ne joue pas l'écarté à moins d'une guinée.

GERVAIS, dressant la table.

Peste !

AMÉLIE.

Oh ! miss.
> Elle aide son mari. Ils échangent des regards courroucés.

ARABELLA, à part.

On dit que le jeu est la pierre de touche, *critérion*, des caractères.

AMÉLIE, à Arabella.

Vite ! Tirons ! c'est à vous. (A Gervais.) Mon doux ami, allez-vous-en donc.

GERVAIS.

Vous le voulez, mon adorée. C'est par obéissance.

Cependant je ne serais pas fâché de voir comment vous jouez ce jeu-là. Euh ! euh ! oui, non.

AMÉLIE, après avoir joué le coup.

Je marque un point. A moi. (Elle fait couper et donne les cartes. — A Gervais.) Votre chapeau est là.

GERVAIS.

Oui, je vois mon chapeau. Mais j'admire votre habileté, on dirait, ma bien-aimée, que vous avez manié le carton toute votre vie.

ARABELLA.

Manié le carton ? Ah ! oui, je comprends, je propose.

AMÉLIE.

Combien ?

ARABELLA.

Quatre.

AMÉLIE.

Et moi, deux.

GERVAIS, regardant le jeu d'Amélie.

Ta, ta, ta !

AMÉLIE, à Gervais.

Ah ! taisez-vous de grâce.

GERVAIS.

Oui, mon adorée.

AMÉLIE, jouant.

Et partez. Je fais la vole. Trois points. (A Arabella.) A vous.

ARABELLA.

Coupez, je donne.

GERVAIS, chantant.

Donnez, donnez sur cette terre.

ARABELLA.

Je tourne le roi.

AMÉLIE.

Je propose.

GERVAIS, regardant le jeu d'Amélie.

C'est trop fort.

ARABELLA.

Jouez.

GERVAIS.

C'est un vol.

AMÉLIE.

Passe cœur, passe carreau et dame d'atout. Trois points que j'avais et deux font cinq.

GERVAIS.

On ne joue pas plus mal et plus heureusement.

ARABELLA.

Je perds avec trois atouts en main.

AMÉLIE, à Gervais.

Mais allez-vous-en donc !

GERVAIS, à Amélie.

Non, donne-moi les cartes.

AMÉLIE.

Comment dites-vous cela ?

GERVAIS.

Donne-moi ta place, sacre... Je vous en supplie, ma petite femme adorée.

ARABELLA, après avoir tiré avec Gervais.

C'est à moi. Coupez.

GERVAIS.

Je coupe. (A sa femme.) Admire, mon almée, comme je coupe avec grâce.

AMÉLIE.

Charmant, tout bonnement charmant.

ARABELLA.

Je tourne trèfle.

GERVAIS.

Quel beau jeu! Je joue.

AMÉLIE.

Vous dites ?

GERVAIS.

Je dis que je joue d'autorité.

AMÉLIE.

D'autorité ?

GERVAIS.

D'autorité, c'est la première fois de ma vie.

AMÉLIE.

C'est trop fort !

GERVAIS, à Arabella.

A vous le point, marquez deux. A moi; coupez, miss, je vous prie. (A Amélie.) Regarde, femme sans pareille, les belles cartes que je donne à mon ennemie.

ARABELLA.

Je propose.

GERVAIS.

Non, veuillez jouer.

AMÉLIE, à Gervais.

Allons, si vous le faites exprès.

ARABELLA.

Je marque le roi. Pique.

GERVAIS.

Je prends. Carreau.

ARABELLA.

Je prends. Trèfle.

GERVAIS.

Je prends. Pique.

ARABELLA.

Je prends et atout.

GERVAIS, à Arabella.

C'est bien. Deux points et trois que vous aviez font cinq. (A Amélie.) J'ai perdu; j'ai perdu, mon épouse bien-aimée.

AMÉLIE.

Non, on n'a jamais vu jouer ainsi. Idiot !

ARABELLA.

Ah ! monsieur, si vous trichez, je ne joue plus avec vous. Madame, prenez ma place.

AMÉLIE.

Jouer avec mon mari !

ARABELLA.

Je vous en prie ; j'ai une lecture à faire.

GERVAIS, à Arabella.

Je vous en supplie.

ARABELLA.

Non, j'ai le... pas de chance.. Comment dites-vous ? déveine ? je reprendrai.

GERVAIS, s'asseyant à la place d'Arabella.

Alors, ma toute bonne, nous jouons ensemble ?

AMÉLIE.

Il paraît, mon tout bon.

ARABELLA, à part.

Tout bon. *Very bon. All right.* (Haut.) Je ne vous dérange pas.

    Elle met ses lunettes et lit la grammaire. De temps en temps, elle lève ses lunettes pour suivre le jeu. Tout le reste de la scène à voix basse.

GERVAIS, à Amélie, avec affectation.

C'est à vous, ma primevère.

AMÉLIE, à Gervais, même intention.

Coupez, mon lilas blanc.

GERVAIS.

Voyons, voyons ce jeu. Euh ! euh ! J'ai l'honneur de proposer, giroflée des jardins.

AMÉLIE.

J'ai le douloureux regret de refuser, muguet des bois.

ARABELLA, à part.

C'est un cours de botanique.

GERVAIS.

Je vous offre mon cœur.

AMÉLIE.

Je le coupe. Atout. Pique, pique et pique. Vous êtes volé.

GERVAIS.

Ce n'est pas la première fois.

AMÉLIE.

Parlez donc plus bas : vous troublez la lecture de miss Arabella.

ARABELLA.

Non, je suis des deux côtés. (Elle lit.) « L'adjectif s'accorde avec le substantif. »

AMÉLIE.

A votre tour. Je coupe. Vous me semblez assez innocent à ce jeu...

GERVAIS.

En toute chose on fait ce qu'on peut.

AMÉLIE.

Vous vous dites peut-être qu'un homme doit toujours perdre avec les femmes ?

GERVAIS.

J'aurais trop de peine à vous gagner. Je tourne trèfle, ma chatte.

AMÉLIE.

Je le vois, mon chienchien.

ARABELLA, à part.

Chienchien ? *Dogdog*. Néologisme.

AMÉLIE.

Je vous fais des propositions de paix, mon lion.

GERVAIS.

Je ne saurais les accepter, ma panthère.

AMÉLIE.

Vous refusez, mon doux chacal ?

GERVAIS.

Oui, mon aimable hyène.

ARABELLA, à part.

Section de zoologie.

AMÉLIE.

Je joue donc puisqu'il le faut.

GERVAIS.

Je marque le roi, je prends. Atout et trois piques. A mon tour de marquer non pas deux, mais trois points.

AMÉLIE.

Vous triomphez, mon seigneur et maître.

GERVAIS.

Je triomphe modestement, ma vassale favorite.

AMÉLIE.

A moi les cartes. Coupez.

GERVAIS.

Je coupe... dans le pont sans doute.

ARABELLA.

Couper dans le pont !.. Expliquez.

GERVAIS.

Couper dans le pont, cela veut dire... Ma femme vous expliquera cela avec bien d'autres choses.

AMÉLIE.

Je tourne simplement du carreau... le dix.

GERVAIS

Mon âme, c'est à mon tour de m'humilier en proposant.

AMÉLIE.

Jouez.

ARABELLA, très-haut.

Mal joué. On accepte toujours quand l'adversaire a trois points.

AMÉLIE.

Le sort en est jeté.

GERVAIS.

*Jacta est.* Valet d'atout.

AMÉLIE.

C'est bon.

GERVAIS.

Alors, dix d'atout.

AMÉLIE.

Très-bien.

GERVAIS.

Dame de trèfle qui passe. Je vous abandonne le reste.

AMÉLIE.

Deux atouts et deux rois et je perds.

GERVAIS.

Vous avez la consolation d'avoir perdu avec un jeu superbe.

AMÉLIE, vexée.

Vous jouez très-bien quand vous voulez. J'ai gagné une partie, j'en ai perdu une. Je suis quitte.

GERVAIS.

J'ai perdu avec miss, j'ai gagné avec ma femme. Je suis quitte.

ARABELLA.

Alors nous sommes tous quittes.

AMÉLIE, à Gervais.

Voulez-vous fermer la table, mon astre ?

GERVAIS.

Avec empressement, mon étoile du matin.

AMÉLIE.

Et l'emporter, mon soleil couchant.

GERVAIS.

Avec délices, ma lune naissante.

ARABELLA, à part.

Section d'astronomie. Comme j'apprends le français!

AMÉLIE, à Gervais.

Maintenant nous n'avons plus besoin de vous.

GERVAIS.

Ah! mon éclipse.

AMÉLIE.

Je ne vous retiens pas, mon zodiaque.

ARABELLA.

Pardon, je le retiens, moi. Voulez-vous me permettre de m'asseoir entre vous et de vous raconter une petite histoire?

GERVAIS et AMÉLIE.

Voyons. Asseyons-nous.

ARABELLA.

Il y avait autrefois une miss d'un âge incertain, ce que les Français appellent à tort ou à raison, un certain âge, qui avait toujours refusé de se marier parce qu'elle avait entendu dire que sur six ménages il y en avait quatre de mauvais. Cependant il se trouva qu'un jour un parti convenable, *good match*, se présenta pour cette personne déjà un peu mûre. Elle demanda à réfléchir, réfléchit longtemps et fut conduite par le hasard à se servir d'un *stratagem*, subterfuge. En lisant un journal, elle apprit qu'une dame de la Chaussée d'Antin, désirait trouver une compagne pour la conversation et la partie de cartes. Elle s'informa de cette dame, de son état, de son caractère, et elle apprit que le mari s'absentait souvent, que la femme s'ennuyait quelque-

fois, que le ménage allait... (Comment m'a-t-on dit?)
cahin caha. Alors miss... anonyme se dit : « Voyons
ce que c'est qu'un mauvais ménage en France. » Elle
est fixée maintenant, et si les mauvais ménages sont
tels que celui-ci, que seront les autres ? (Stupéfaction et
embarras de Gervais et d'Amélie.) N'est-ce pas logique ?

GERVAIS.

Alors vous allez vous marier?

ARABELLA.

Après réflexion, oui.

AMÉLIE, à part.

Pauvre femme !

ARABELLA.

Il me reste à vous demander pardon du subterfuge
et à prendre congé de vous.

GERVAIS.

Comment ?

AMÉLIE.

Déjà?

ARABELLA.

Sans doute. Ne vous ai-je pas dit que je faisais une
expérience ? L'expérience n'a-t-elle pas réussi ? N'ai-je
pas vu que vous êtes, quoi qu'en dise le monde, (Oh !
comme j'apprends bien le français !) très bien ensemble?

GERVAIS, et AMÉLIE, avec hésitation.

Mais, oui...

ARABELLA.

Adieu donc, vous que j'ai à peine connus et que je commençais à aimer.

AMÉLIE.

Ne partez pas encore.

ARABELLA.

C'est votre exemple qui me décide. Adieu.

GERVAIS, et AMÉLIE.

Au revoir ! au revoir, n'est-ce pas ?

ARABELLA.

Peut-être.

Elle sort.

GERVAIS, à part.

Enfin je vais pouvoir me dégonfler.

AMÉLIE, à part.

A nous deux maintenant.

Gervais et Amélie se regardent avec colère et sans rien dire, Amélie prend le chapeau de Gervais et le lui offre.

ARABELLA, rentrant.

J'ai oublié ma grammaire et de toute façon je serais rentrée, car je veux vous laisser un petit souvenir de mon court passage. Donnez-moi, je vous prie, une plume et de l'encre. (Gervais lui offre les deux.) Comme j'ai remarqué que vous étiez fort bons amis quand j'étais là, je veux vous laisser ma photographie en double. (Tout en causant, elle en signe deux qu'elle donne à Amélie et à Gervais.) S'il survient entre vous une petite tempête, pro-

mettez qu'en voyant mon portrait, vous vous figurerez
que je suis là et vous ferez le raccommodage.

GERVAIS.

Je le promets.

AMÉLIE.

Soit, mais il serait mieux à vous de demeurer ici.
Vous seriez sûre d'être toujours entre nous.

ARABELLA.

Si je manque mon mariage, je viendrai.

AMÉLIE et GERVAIS.

Miss Arabella, ne vous mariez pas.

Arabella sort.

GERVAIS.

Tiens ! elle s'est trompée, elle m'a donné le portrait
qui t'était destiné.

AMÉLIE.

Et moi le tien.
  Dans l'échange des photographies leurs mains se sont ren-
  contrées.

GERVAIS.

Si nous allions faire une promenade ?

AMÉLIE.

Ensemble ?

GERVAIS.

Mais oui.

AMÉLIE.

Au bois de Boulogne ?

4

GERVAIS.

Mais oui.

AMÉLIE.

Dans quelle voiture ?

GERVAIS.

En fiacre, commes des amoureux.

AMÉLIE.

En fiacre et avec les portraits.

Ils sortent.

FIN DE MISS ARABELLA

# L'INSECTE ANONYME

RÉCIT

# L'INSECTE ANONYME

Avez-vous lu la *France* de ce soir ? — Non ? — Eh bien, écoutez... Voyons. (Il lit.) « Nous l'avions bien prévu... » Ce n'est pas cela... Heu, heu... « Qu'on relise nos articles... » Pas encore. Ah ! voici. « On vient de découvrir dans l'Essonne à l'endroit où cette rivière se jette dans la Seine, les traces d'un crime ou d'un suicide dont la perpétration doit remonter à une époque assez reculée, puisqu'on n'a recueilli de la victime que son... » (Fermant le journal.) Ce ne peut être que le mien. Il est donc retrouvé ce cher compagnon ! Eh bien, qu'en dites-vous ? Ah ! pardon, vous ne connaissez pas l'histoire. Je ne sais pas si j'oserai... Personne ne peut nous entendre ? Non. Alors je vais vous la conter.

C'était au mois de juillet, le 29, je crois, une des glorieuses. J'étais allé passer la journée chez des gens charmants, les Folembroy, qui ont un moulin et une maison de campagne situés près d'Essonne sur la rivière du même nom. Nous avions là une société bourgeoise et choisie, tous gens du meilleur monde, les Plumet, les Cornembèse avec leurs trois filles, les Solilès avec leur jeune homme, tous délicieux. Je puis dire nonobstant que j'étais le plus élégant de la compagnie avec d'autant plus de raison que je portais ce jour-là un pan-

4.

talon gris-perle. J'avais pris le chemin de fer de Corbeil, première classe et retour.

On déjeune gaiement. Après le déjeuner, un tour de jardin. La conversation de ces gens très-distingués commence à me lasser. Alors je demande une ligne pour pêcher dans la rivière, vous savez, l'Essonne, qui traverse le jardin et coule sous la maison. Je m'installe au bord de l'eau, j'y plonge une ligne et... vous ne le croiriez jamais, c'est pourtant la vérité, ce jour-là le poisson ne mordait pas. Doucement je lâche la gaule, je m'allonge sur l'herbe. Il faisait chaud, je m'endors, je rêve que. . . . . . . . . . . . . . .
Des cris viennent troubler mon sommeil... Au salon ! au salon ! Au piano ! Les sœurs Cornembèse vont chanter le trio du MATRIMONIO SEGRETO accompagnées par le jeune Solilès. Je plie bagages, je me rends au salon ; je subis quelques plaisanteries, toujours les mêmes, vous savez, sur la pêche et les pêcheurs. On s'assied, le silence se fait, la musique commence. Au moment où le soprano primo dit... Aïe, je suis saisi d'une indicible émotion. Je viens de sentir un corps étranger qui remue entre ma peau et l'étoffe de mon pantalon, vers les régions où la cheville va perdre son nom et où le mollet commence à prendre le sien. C'est un insecte, un insecte vivant. Il aura grimpé là pendant la pêche ou le sommeil. Il monte, il monte ! C'est un coléoptère, un hanneton, sans doute. Je me prépare à l'étouffer comme Desdémone entre la peau de ma jambe et l'épiderme de mon pantalon. Mais non ! nous sommes en juillet, et le hanneton naît et meurt au mois de mai. Qui donc ! Un poisson ? une grenouille ? Folie ! Et l'inconnu monte toujours. Quel est-il ? Un scarabée ?

Ecrasons-le! Mais certains scarabées sont ornés d'une pince puissante, et si je vais l'écraser il peut me mordre. Que faire? que faire? il grimpe, il grimpe! Il passe le défilé du jarret. Aïe! il arrive. Serait-ce une tarentule? Non, un scorpion? Peut-être? Un scorpion, bête venimeuse, piqûre mortelle! je suis perdu! Il arrive! Il est arrivé. Malgré mon émotion, je garde un sang-froid admirable, je me lève tout doucement, comme cela. Je fais signe qu'on ne se dérange pas. On me croit indisposé. Je marche sur la pointe du pied et lentement. Mais à peine hors du salon, je me jette sur l'escalier, je l'escalade quatre à quatre; le scorpion aussi.

J'ouvre la première chambre venue. Je ne porte pas de bretelles, vous savez, j'ai des hanches. Avec dextérité j'ôte mon pantalon sans même retirer mes bottes. J'ouvre la fenêtre, qui donne sur la rivière, vous savez, l'Essonne. Je secoue mon pantalon avec fureur. J'en vois tomber un objet, hanneton, scarabée, scorpion. Un poisson l'attrape et l'avale. La vue de ce poisson m'impressionne. Je lâche tout, et mon pantalon tombe dans la rivière qui l'emporte. Quelle situation, grand Dieu! Où trouver un pantalon? J'ouvre les armoires; je bouscule tout sans trouver un seul objet à l'usage de mon sexe.

Cependant le morceau est terminé. La société est sortie du salon. On monte, on se précipite dans les appartements. « Où est-il, ce cher ami, ce bon Coquelon? » On est dans l'escalier. On va ouvrir la porte. Où me cacher? Dans l'armoire. Trop petite! Ma foi! je n'en fais ni une ni deux, j'ouvre le lit, je m'y jette. La porte s'ouvre.

Madame Folembroy entre la première : « Ciel! dans

mon lit ! Ah ! monsieur Coquelon ! — Madame, excusez-moi, je suis malade, je me meurs ! — Vite, vite, un médecin ! Jean ! Javotte ! François ! allez à Corbeil chercher M. Troubled. Dites que c'est très-pressé ; dites que c'est pour un accouchement. » J'invite la société à se retirer. J'ai besoin de repos. On cède à mes instances ; mais on exige que la jardinière qui a été garde-malade reste auprès de moi ; Cette vieille veut me prendre le pouls. « Mais monsieur est comme tout habillé ? — Pas tout, pas tout ! — Il faut que monsieur se déshabille ; je vais aider à monsieur. — Mais non ! je vous jure que je n'ai pas besoin de me déshabiller partout. — Mais les bottes de monsieur ! Ah ! monsieur a gardé ses bottes. — Je n'ai pas eu le temps de les retirer. — Oh ! des bottes dans le lit de madame ! C'est encore une paire de draps à changer ! » Je feins de dormir. La garde se tait. Une demi-heure se passe ainsi.

Enfin le docteur arrive. La vieille lui parle à voix basse. J'ai les yeux à demi fermés, mais je vois très-bien qu'elle lui marmotte quelque chose à l'oreille et se met le doigt sur le front en ayant l'air de dire... je ne sais quoi. Elle ajoute : « Oui, monsieur, dans le lit de madame et tout habillé avec ses bottes. — Diable, diable, dit le docteur, ce n'est donc pas un accouchement ? » Il me tâte le pouls. « Grosse fièvre ! Grave , grave ! Allons, jeune homme, nous nous tirerons de là avec du temps. Montrez-moi votre langue. Eh ! mais, je ne me trompe pas, c'est monsieur Coquelon ! Ah ! monsieur, j'ai beaucoup connu monsieur votre frère. J'ai assisté à ses débuts et je l'ai suivi dans sa belle carrière. Je prenais une fois par semaine, le train de 6 heures 1/2. — Docteur, un seul mot : Renvoyez la garde ! — C'est que j'ai besoin d'elle pour les prescriptions. — Par pitié renvoyez la garde! » Le docteur consent, la garde s'exécute. Alors j'ouvre le lit et je me montre tel quel. Pas malade, mais pas de pantalon! — Comment? Voilà certes une maladie que je ne m'explique pas!— Pas d'explication, cher docteur, mais un pantalon! — Il faut en emprunter un de M. Folembroy, le maître de la maison. — Jamais! Je serais obligé de tout lui dire. — Dire quoi? — Rien. Un pantalon. — Je puis vous en prêter un. — Parfait. — Je suis plus gros que vous, mais vous n'y entrerez que plus facilement. — Bravo! — Je pars et vous le rapporte. Il ajoute à voix haute : « Allons, allons, ce ne sera rien. » Toute la société qui écoutait à la porte entre sur cette bonne parole. « Qui veut aller chez le pharmacien? — Moi, moi! Tous! tous!— Alors, allez... ou plutôt non : je vais chez moi ; car les pharmaciens de Corbeil pourraient ne pas avoir le médicament nécessaire. Laissez reposer le malade, et sortez tous de la chambre en même temps que moi. »

En effet, on se retire en silence; mais au bout de quelques minutes la porte se rouvre tout doucement. On chuchote. Une petite voix dit : « Dormez-vous, monsieur Coquelon? » Je ne réponds pas. « Oh! dit-on, il dort comme un hanneton. Il ronfle. » Et les conversations reprennent de plus belle.

Le docteur rentre avec un gros paquet sous le bras. On se récrie : « Comment! il va prendre tout cela? » Une personne explique que ce doit être un remède pour l'usage externe. Encore une fois le docteur Troubled met tout le monde à la porte, la garde comprise. « Poussez le verrou, cher docteur. — C'est fait. » Je me jette à bas du lit. Je me précipite sur le pantalon,

j'y entre comme dans un gant trop large ; nous serrons
la boucle, cela ne suffit pas. Des épingles, des épingles.
En voici, ce sont des épingles à cheveux, nous serrons
la taille autant que possible.

Nous descendons au salon sur le premier coup du
dîner. Bien entendu, le docteur était du festin. Nous
entrons ensemble. Un chœur : «Guéri ! guéri ! Ah ! bon
docteur ! ah ! ah ! Coquelon, quel miracle ! quel était
donc ce remède si volumineux et si efficace ? « C'est
égal, dit madame Solilès, vous n'avez pas été longtemps malade ; mais il faut que vous l'ayez été sérieusement, car vous avez joliment maigri. Voyez donc
comme ses jambes flageolent dans son pantalon. » Mademoiselle Cornembèse, la cadette, dit timidement : « C'est
bien drôle, M. Coquelon avait un pantalon gris-perle
avant d'être malade et maintenant il a un pantalon noir. »
A quoi le jeune Solilès répond : « Excusez-moi ; j'ai
parfaitement remarqué que M. Coquelon avait un pantalon noir, mais il m'avait paru plus étroit ce matin. —
Preuve qu'il a maigri dit-on de toutes parts. » Je réponds
avec simplicité : « Effet de lumière ! d'ailleurs que j'en
aie eu un gris, que j'en aie eu un noir, l'important est
que j'en ai un. » Et chacun de rire, sans comprendre.

Le second coup a sonné. On se met à table. Je mange
comme un loup. On crie au docteur: « Arrêtez-le ! votre
malade va se donner une indigestion. — Soyez sans
crainte, je vous le garantis guéri radicalement. » Et j'a-
joute que s'il a maigri, il aura repris avant demain, je
l'affirme.— Quel médecin ! se dit-on à l'oreille ! Quelle
guérison ! — Oh ! dit Plumet, c'est le premier praticien
de l'arrondissement. »

Le dîner terminé, on pense au départ. Je ne veux pas

quitter la maison sans récompenser la garde qui m'a si obstinément soigné. Je la cherche, je l'appelle, je la trouve ; mais au moment où je mets la main à la poche de mon... nouveau pantalon, je m'aperçois que mon porte-monnaie et mon billet de retour sont restés dans la poche de l'ancien, du noyé. Le bon docteur me tire encore de là. Il me fait crédit de la récompense honnête et du billet de chemin de fer. Je m'en vais me tenant les côtes... et le pantalon, et ne regrettant que le porte-monnaie perdu... Que dis-je, perdu ? Non, puisque la *France* de ce soir m'apporte de ses nouvelles.

(Il lit.) « On vient de découvrir les traces d'un crime ou d'un suicide dont la perpétration doit remonter à une époque assez reculée puisqu'on n'a recueilli de la victime que son pantalon. Si crime, rien de la cupidité ; si suicide, rien de la misère, car on a trouvé dans la poche droite de l'infortuné un porte-monnaie aux initiales C. C. renfermant une somme assez ronde et un billet de retour première classe de Corbeil à Paris. »

Demain matin j'irai réclamer ces deux objets à la préfecture de police. Je leur laisserai le billet.

FIN DE L'INSECTE ANONYME

# ALBERTINE

## SCÈNE

### A DEUX PERSONNAGES

# PERSONNAGES

Mme DESPREZ, 70 ans.
HECTOR, son petit-fils, 25 ans.

# ALBERTINE

La scène chez madame Desprez.

---

## MADAME DESPREZ.

*Elle entre en lisant une lettre.*

« Chère belle. » (Parlé.) C'est de Pauline Arbois ; elle m'appelle « chère belle » parce qu'elle a le même âge que moi. (Lisant.) « Chère belle. » (Parlé.) Soixante-dix ans. (Lisant.) « Chère belle. » (Parlé.) Enfin !... (Lisant.) « J'ai abusé de la confidence que vous m'avez faite. J'ai dit à ma nièce Albertine que vous la trouviez charmante et que vous aviez pensé à elle pour votre petit-fils. Elle m'a répondu qu'elle ne le connaissait que fort peu, mais qu'elle ne pouvait aspirer à un si grand honneur... ou bonheur. Vous savez qu'elle est sans fortune. Il n'y a donc pas d'obstacle de ce côté, au

contraire. L'important serait de décider M. Hector...
Mais on le dit si réfractaire au mariage... (Parlé.) C'est
ce que nous verrons. (Elle prend le tuyau téléphonique,
qu'elle place tantôt à la bouche, tantôt à l'oreille. Elle ne dit à
haute voix que les réponses.) Quoi encore !... Oui, j'ai
bien dormi... Je n'ai pas le temps... Ah ! s'il le faut ?
Alors c'est par ordre... C'est bon, on y va. (Quittant le
téléphone.) Que les jeunes gens d'aujourd'hui sont mal
élevés !... C'est peut-être la faute de ceux qui ont fait
leur éducation.

HECTOR, entrant brusquement.

Eh bien ! me voici, qu'est-ce que tu me veux ?

MADAME DESPREZ.

Je veux... je désire, monsieur, vous faire une com-
munication importante.

HECTOR.

Voyons.

MADAME DESPREZ.

J'ai rencontré, l'autre soir, une jeune personne que
je suis décidée à avoir pour petite-fille. Tu comprends ?

HECTOR.

Je comprends qu'elle ne peut être ta petite-fille qu'à
la condition qu'elle épouse ton petit-fils.

MADAME DESPREZ.

Parfait.

HECTOR.

Il y a à cela deux obstacles : le premier, c'est que je

ne veux pas me marier ; celui-là suffirait ; mais il y en
a un second ; c'est que si, par impossible, je me déci-
dais à me marier, je ne voudrais pas prendre une
femme de ta main.

MADAME DESPREZ.

Ah ! pourquoi ?

HECTOR.

Pourquoi ? pourquoi ? Tu le sais bien : parce que
nous n'avons pas les mêmes goûts. Ce qui me plaît ne
te va pas, et ce qui te va me déplaît.

MADAME DESPREZ.

Insolent ! Autrefois quand un enfant parlait à sa
grand'mère...

HECTOR.

Un enfant de vingt-cinq ans.

MADAME DESPREZ.

On est un enfant jusqu'à ce qu'on soit un homme,
et on n'est un homme que quand on est marié.

HECTOR.

Méchante grand'mère !

MADAME DESPREZ.

Tu me feras mourir de chagrin.

HECTOR.

Le plus tard possible. Voyons, ne te fâche pas. Tu sais bien que tu as un caractère insupportable.

MADAME DESPREZ.

Mais tu me manques complétement de respect.

HECTOR.

Ah ! le respect n'est plus de notre siècle. Tu représentes pour moi l'autorité, et nous n'avons plus le respect de l'autorité.

MADAME DESPREZ.

C'est-à-dire que vous ne connaissez plus de frein, depuis votre grande révolution.

HECTOR.

Allons, un peu de calme. Nous nous adorons, mais nous ne pouvons pas vivre sans nous disputer.

MADAME DESPREZ.

Oui, tu t'adoucis parce que tu sais que je te tiens.

HECTOR.

Par la bourse, n'est-ce pas ?

MADAME DESPREZ.

Par là, d'abord.

HECTOR.

Oui, tu me laisses sans le sou pour pouvoir garder

une main sur moi. Je puis même dire tout bas que tu
as violé ou tourné la loi.

MADAME DESPREZ.

Je ne connais pas les lois faites depuis 1789.

HECTOR.

Tu sais que personne n'est censé ignorer la loi.

MADAME DESPREZ.

Je la connais, mais je ne la reconnais pas.

HECTOR.

Bref, avec ou sans connaissance ou reconnaissance,
tu as gardé tout ou presque tout ce qui me revenait lé-
gitimement. Oh ! je ne m'en plains pas, je sais que l'or
est mieux placé dans tes mains que dans les miennes.
Mais il y a des jours où je me dis que si je voulais...

MADAME DESPREZ.

Eh bien, voilà l'occasion toute trouvée. Marie-toi et
je te rends tes comptes.

HECTOR.

Me marier, me marier... C'est bien dur. Enfin, cette
vieille grand'maman fait de moi tout ce qu'elle veut.
Voyons si je consentais... je ne consens pas, mais si je
consentais... à consentir ?...

MADAME DESPREZ.

Eh bien ! tu épouserais la jeune personne que j'ai
en vue.

HECTOR.

Voilà qui est bien dit ! Est-ce què je la connais seulement ?

MADAME DESPREZ.

Je ne le crois pas.

HECTOR.

Je suis sûr qu'elle est laide.

MADAME DESPREZ.

Très-jolie au contraire. Elle est grande.

HECTOR.

Je n'aime que les petites femmes.

MADAME DESPREZ.

Blonde...

HECTOR.

Je n'aime que les brunes.

MADAME DESPREZ.

Mais blonde avec les yeux noirs.

HECTOR.

Je n'aime que les brunes avec les yeux bleus.

MADAME DESPREZ.

Te voilà bien avec ton esprit de contradiction.

HECTOR.

C'est toi, au contraire, qui vas me chercher une laideron, un sac à écus.

MADAME DESPREZ.

Elle n'a pas de fortune.

HECTOR.

Et tu veux que j'épouse une femme sans fortune ?

MADAME DESPREZ.

Oui, je sais mieux que toi ce qu'il te faut, et si une femme me plaît, c'est qu'elle te convient. Si tu la choisissais, toi, j'exigerais qu'elle fût riche, mais si je la choisis moi, je désire qu'elle soit pauvre. Je veux avoir auprès de moi une fille qui me doive quelque chose.

HECTOR.

Alors c'est pour toi que je dois me marier, et il faut que mes intérêts cèdent le pas à tes convenances.

MADAME DESPREZ.

Oui, je suis vieille. Il faut que mes derniers jour soient heureux, et ta femme ne me sera bien soumise qu'à la condition qu'elle me doive tout son bien-être.

HECTOR,

Conviens, chère grand'maman, que si ce matin j'étais venu te trouver pour te dire : j'aime une jeune fille qui a toutes les qualités du cœur et de l'esprit, mais qui n'a pas de dot, — tu m'aurais répondu : Mon cher Hector, crois en mon affection et mon expérience ; ne te laisse pas aller à ces illusions qui n'ont qu'un temps. L'amour, l'amour, c'était bon autrefois, avant 89, mais dans notre siècle de luxe et de convoitise, il faut penser au solide, au positif... — J'aurais eu beau te crier : grand'maman, je l'aime, je l'adore. — Tu m'aurais répondu : raison de plus pour ne pas l'épouser. — Voyons, avoue-le, avoue-le, je t'en supplie.

MADAME DESPREZ.

Eh bien ! oui, c'est vrai. Je me défie de tout ce qui vient de la jeunesse. Oui, oui, j'en conviens.

HECTOR.

Alors, tu cèdes ?

MADAME DESPREZ.

Au contraire. Je crains pour toi les entraînements irréfléchis, et je préfère la femme que je te donne à celle que tu choisirais toi-même.

HECTOR.

Tu y tiens donc bien ?

MADAME DESPREZ.

Plus que tu ne peux croire. Pour toi d'abord, mon enfant adoré, et surtout pour moi, car tu la rendras heureuse, n'est-ce pas ? et c'est à moi qu'elle devra son bonheur.

HECTOR.

Grande, blonde et pas d'argent !...

MADAME DESPREZ.

Je la doterai.

HECTOR.

Et moi ?

MADAME DESPREZ.

Toi aussi, je te rendrai tes comptes.

HECTOR.

C'est-à-dire que tu la doteras avec ma fortune ?

MADAME DESPREZ.

Toi, elle et moi, c'est tout un.

HECTOR.

Tu le veux donc absolument ?

MADAME DESPREZ.

Oui, oui, oui. (A part.) Comme il est de bonne composition ce matin !

HECTOR.

Songe que je ne le ferai que par ordre.

MADAME DESPREZ.

Par ordre supérieur.

HECTOR.

Eh bien ! chère grand'maman, prends ta fourrure et ton chapeau. La voiture est en bas.

MADAME DESPREZ.

Quoi ! tu veux me faire sortir ?

HECTOR.

Oui, nous allons ensemble...

MADAME DESPREZ.

Où ?

HECTOR.

Chez ma fiancée.

MADAME DESPREZ.

Mais...

HECTOR.

Mets ton chapeau, te dis-je, et partons.

MADAME DESPREZ.

Et nous allons ?...

HECTOR.

Nous allons, rue de la Ferme, 37, chez madame Arbois, pour lui demander la main de mademoiselle Albertine, sa nièce, que j'épouse par amour et par ordre supérieur.

MADAME DESPREZ.

C'était donc un coup monté ?...

HECTOR.

C'est ce qu'en terme d'escrime on appelle un coup fourré. Nous nous sommes transpercés mutuellement.

MADAME DESPREZ.

Mais si nous voulions la même chose tous les deux, pourquoi n'avoir pas commencé par nous le dire ?

HECTOR.

C'est que...

MADAME DESPREZ.

C'est que ?...

HECTOR.

C'est que si je t'avais demandé de me marier à Albertine, avec ton esprit de contradiction ordinaire, tu aurais refusé.

MADAME DESPREZ.

Alors, vous avez conspiré contre moi ? vous vous
êtes entendus pour me tromper ?

HECTOR.

Pour te servir.

MADAME DESPREZ.

Ah ! vous étiez d'accord. Eh bien ! je refuse.

HECTOR.

Ta, ta, ta !

MADAME DESPREZ.

Je te dis que je refuse.

HECTOR.

Fais attention à ce que tu dis. Une fois... deux fois...

MADAME DESPREZ.

Trois fois.

HECTOR.

C'est bon ; maintenant c'est moi qui ne veux plus me marier ni avec elle ni avec une autre. C'est moi qui deviens mauvais sujet, joueur, libertin, qui demande des comptes à ma grand'maman pour aller voyager en Afrique, en Asie, en Amérique, et à Monte-Carlo.

MADAME DESPREZ.

Voyons, Hector, sois raisonnable...

HECTOR.

Non !

MADAME DESPREZ.

Et je te pardonne tout à condition que tu l'épouses.

HECTOR.

Non, c'est toi qui dois me demander pardon.

MADAME DESPREZ.

Faut-il que je me mette à genoux ?

HECTOR.

Non, prends ton manteau et ton chapeau. Ah ! tu me fais bien faire tout ce que tu veux.

MADAME DESPREZ.

Non, je ne partirai que si tu conviens que c'est toi qui m'as fait faire tout ce que tu veux.

HECTOR.

Disons que nous nous sommes fait faire tout ce que nous avons voulu.

MADAME DESPREZ.

Comme tu voudras.

HECTOR.

Comme tu veux.

Ils sortent en discutant.


FIN D'ALBERTINE

# M. NITOUCHE

COMÉDIE

EN UN ACTE

# PERSONNAGES

NITOUCHE, 6o ans.
DUMONT, 3o ans.
Mme DUMONT, 24 ans.
FRANÇOIS, ⎰
JUSTINE,  ⎱ domestiques.

# M. NITOUCHE

La scène chez Dumont.

## SCÈNE PREMIÈRE

### FRANÇOIS, JUSTINE.

Ils sont assis auprès de la porte du fond, François à droite
et Justine à gauche.

On sonne.

JUSTINE.

Un coup : c'est monsieur. A vous, François.

On sonne une seconde fois.

FRANÇOIS.

Deux coups : c'est madame. A vous, Justine.

On sonne une troisième fois.

ENSEMBLE.

Trois coups !...

JUSTINE.

Serait-ce madame et monsieur?

FRANÇOIS.

Est-ce que ce serait monsieur et madame?

JUSTINE.

Allons, François.

FRANÇOIS.

Allons, Justine.

Ils se lèvent et vont ouvrir la porte du fond.


# SCÈNE II

LES MÊMES, NITOUCHE, accompagné d'un commissionnaire
qui porte sa malle.


NITOUCHE, au commissionnaire.

C'est bien. Vous n'avez qu'à déposer là mon bagage.
(A François.) Dis-moi, mon garçon, monsieur et madame Dumont sont-ils encore debout?

FRANÇOIS.

Comment debout?

NITOUCHE.

Ne sont-ils pas couchés?

JUSTINE.

Comment couchés? à onze heures du soir?

NITOUCHE.

Enfin, Pauline est-elle visible ?

FRANÇOIS.

Pauline ? Connais pas.

NITOUCHE.

Madame Dumont.

FRANÇOIS.

Justine, voilà un monsieur qui demande madame.

JUSTINE.

Madame ?... Elle est sortie.

NITOUCHE, à Justine.

Et Oscar ?

JUSTINE.

Oscar ? Connais pas.

NITOUCHE.

Dumont.

JUSTINE.

Ah ! monsieur. Adressez-vous à François. (Appelant.) François ! on demande monsieur.

FRANÇOIS.

Monsieur ? Il n'est pas rentré.

NITOUCHE.

Dites-moi : ils vont bien tous les deux ?...

JUSTINE.

Madame va très-bien.

FRANÇOIS.

Monsieur ne va pas plus mal.

NITOUCHE.

Et le petit Albert?

FRANÇOIS, après un moment de silence.

Ah! oui, oui, le petit. Eh! bien il est en nourrice.

NITOUCHE.

Comment en nourrice? à trois ans!...

JUSTINE.

Il veut dire qu'il est à la campagne pour sa santé.

NITOUCHE.

Il est donc malade?

FRANÇOIS.

Lui? Il se porte comme le Pont-Neuf.

NITOUCHE, à François.

Et savez-vous où est madame Dumont?

JUSTINE.

Madame est en soirée.

NITOUCHE, à Justine.

Et Dumont?...

FRANÇOIS.

Monsieur est au cercle.

NITOUCHE, à François.

Ah! Elle va souvent en soirée?...

JUSTINE.

Oui, monsieur, très-souvent.

NITOUCHE, à Justine.

Et Dumont va souvent au cercle ?

FRANÇOIS.

Oh ! presque tous les soirs.

NITOUCHE, à François.

A quelle heure rentre-t-elle ordinairement?

JUSTINE.

De minuit à une heure.

NITOUCHE, à Justine.

Et lui ?

FRANÇOIS.

De une heure à minuit.

NITOUCHE.

Quelle heure est-il ?

JUSTINE, regardant dans la chambre à gauche.

Madame dit onze heures et quart.

FRANÇOIS, regardant dans la chambre à droite.

Monsieur dit minuit moins un quart.

NITOUCHE.

C'est bien, mon ami, je vous remercie. Je vais les attendre.

Il s'assied.

JUSTINE, après un moment de silence.

Monsieur arrive de voyage?

NITOUCHE.

Oui.

FRANÇOIS.

Monsieur est étranger?

NITOUCHE.

Oui.

JUSTINE.

Monsieur est parent de madame?

NITOUCHE.

Non.

FRANÇOIS.

Monsieur est parent de monsieur.

NITOUCHE.

Non. (Après un moment de silence.) Au fait vous ne me connaissez pas. Tenez.

Il leur donne de l'argent.

JUSTINE.

Monsieur désire-t-il prendre quelque chose?

FRANÇOIS.

Monsieur a-t-il besoin de mes services?

JUSTINE.

Monsieur doit être fatigué de la route.

FRANÇOIS.

Monsieur désire peut-être un peu de feu ?

NITOUCHE, à François.

Non. Seulement veuillez porter ma malle dans cette chambre.

Il lui désigne la chambre à droite.

FRANÇOIS.

Dans cette chambre ! C'est celle de monsieur...

NITOUCHE, montrant la chambre à gauche.

Alors, dans celle-là.

JUSTINE.

Mais c'est celle de madame.

NITOUCHE.

C'est différent. Alors indiquez-moi la chambre d'amis.

JUSTINE et FRANÇOIS.

D'amis ?

FRANÇOIS.

Monsieur n'a pas d'amis, n'est-ce pas, Justine ?

JUSTINE.

Non. Madame non plus, n'est-ce pas, François ?

NITOUCHE.

Alors il n'y a pas une autre chambre ?

FRANÇOIS.

Non, monsieur, n'est-ce pas Justine :

6

NITOUCHE.

C'est bien, je vous remercie. Je vais m'asseoir dans ce fauteuil en les attendant.

*François et Justine sortent l'un par la droite et l'autre par la gauche.*

## SCÈNE III

## NITOUCHE.

Allons, on me l'avait bien dit... Pourvu que je n'arrive pas trop tard. Quand je vins les voir il y a cinq ans, ce n'étaient que démonstrations et caresses. On en était encore aux petits compliments, aux attentions fines; on se montrait d'une tendresse à incommoder les étrangers. Aujourd'hui, c'est autre chose : madame est en soirée, monsieur est au cercle : monsieur a son domestique, madame a sa soubrette : madame a sa chambre, monsieur a la sienne... Ce n'est pas madame Nitouche ni moi qui en aurions usé ainsi... Elle ne l'eût pas permis, et je ne l'eusse pas voulu. Il paraît que la mode a changé. Si on reste sous le même toit, c'est pour éviter le scandale d'une rupture officielle; mais chacun reprend sa liberté. Monsieur redevient garçon avec plus d'expérience et de maturité. Madame passe à l'état de veuve sans en avoir les charges ni les inquiétudes. Comme on est coupable au même chef, on n'a pas de comptes à se demander, et par la marche des choses, sans violence, sans secousses, on arrive, non pas à la haine et à l'hostilité, mais à l'indifférence et à l'oubli.

On sonne.

JUSTINE, en dehors à gauche.

Un coup. A vous, François.

NITOUCHE.

Allons ! Nous verrons si le mal est sans remède.

François va ouvrir la porte du fond.


# SCÈNE IV

## NITOUCHE, DUMONT, FRANÇOIS.


FRANÇOIS, à Dumont.

Il y a là quelqu'un qui demande monsieur.

DUMONT.

Qui donc, à cette heure ? Ah ! c'est vous, monsieur Nitouche?

NITOUCHE.

Oui, mon garçon, j'arrive ce soir de Bergerac et je viens te voir en voyageur.

DUMONT.

C'est fort bien fait à vous.

NITOUCHE.

Et ta femme ?...

DUMONT, embarrassé.

Elle va très-bien. Y a-t-il longtemps que vous m'attendez ?

NITOUCHE.

Non, j'arrive à l'instant même. On m'a dit que Pauline...

DUMONT.

Et quel heureux hasard vous a amené à Paris ?

NITOUCHE.

Un hasard, dis-tu ? Pas le moins du monde. Que veux-tu que je vienne faire à Paris, si ce n'est revoir mes anciens amis, toi, et cette bonne Pauline ?

DUMONT.

Et je vous remercie de cette bonne idée.

NITOUCHE.

Sais-tu bien que c'est long, cinq ans !

DUMONT.

C'est vrai qu'il y a déjà cinq ans.

NITOUCHE.

Et j'avais besoin de vous embrasser, toi le fils de mon ami, et ta femme que j'ai vue naître, que j'ai tenue enfant sur mes genoux... Mais comment n'est-elle pas avec toi.

DUMONT, avec un embarras croissant.

Ah !... je vais vous dire... J'avais ce soir quelques courses...

NITOUCHE.

D'affaires ?

DUMONT.

Oui, précisément : de manière que pour ne pas s'ennuyer toute seule elle sera sans doute allée chez madame Marbeuf.

NITOUCHE.

En soirée ?

DUMONT.

Oh ! soirée intime ; soirée de conversation et de tapisserie.

NITOUCHE.

Oui, je comprends cela ; une jeune femme ne peut pas rester seule.

DUMONT, à part.

Pourvu qu'elle ne rentre par trop tard.

NITOUCHE.

Va-t-elle souvent chez cette dame Marbeuf ?

DUMONT.

Non... C'est un pis-aller... Et vous venez passer quelque temps à Paris.

NITOUCHE.

Ma foi, oui : je deviens assez routinier, mais quand une fois je réussis à sortir de mon ornière, je ne suis pas pressé d'y rentrer.

DUMONT.

Et vous avez pris votre vol ?

NITOUCHE.

Dame ! Tu comprends, mon ami : un veuf sans enfant, c'est un vieux garçon. Je n'ai pas de famille ni
de devoirs qui me retiennent.

DUMONT.

Non. C'est la liberté complète.

NITOUCHE.

Sans doute. Quand on n'a pas d'affection, on n'a pas
de servitude ; quand on est indifferent à tout, on devient indépendant de tout, et comme on ne tient plus
à la vie que par quelques vieilles habitudes et par quelques vieux amis que l'âge et le célibat ont rendus ra-
doteurs et égoïstes, on a repris en effet toute sa liberté,
de même que celui qui n'aime personne est libre de
son amour.

DUMONT.

Que dites-vous là, vous que j'ai toujours connu si
gai ?

NITOUCHE.

Hé ! que veux-tu ? La gaîté ne sied plus à mon âge.
Je baisse, mon ami, je baisse sensiblement. Je fréquente
et j'ai besoin de fréquenter des gens que je n'aime pas.
Je m'ennuie. Combien je préférerais être chagriné par
des gens que j'aimerais !... Je n'ai plus de centre ; je
déraille ; et franchement j'avais besoin de quitter Ber-

gerac, ses maisons et ses habitants, pour venir me réchauffer un peu au foyer de votre jeunesse.

On sonne deux fois

DUMONT.

Ah ! voici ma femme qui rentre.

FRANCOIS, en dehors à droite.

Deux coups ! A vous, Justine.

NITOUCHE, à Dumont.

Ne lui dis rien. Voyons si elle me reconnaîtra.

Justine ouvre la porte du fond.

# SCÈNE V

## NITOUCHE, DUMONT, PAULINE.

PAULINE, entrant à Justine.

Allons ! vite, débarrassez-moi de tout cela. (Apercevant Nitouche.) Vous ici, monsieur Nitouche !...

NITOUCHE.

Moi-même, ma chère enfant.

PAULINE.

Quelle agréable surprise !

NITOUCHE, lui tendant les bras.

Allons ! Un peu de courage et embrassez-moi comme vous le faisiez autrefois. A mon âge, c'est sans conséquence ; n'est-ce pas, Oscar ? (Il l'embrasse.) Et maintenant, laissez-moi vous regarder. Mais c'est qu'elle est toujours aussi jeune, aussi fraîche.

PAULINE.

Toujours complimenteur.

NITOUCHE, à Oscar.

Est-il heureux ce gaillard-là d'avoir une femme ainsi faite.

DUMONT.

Vous êtes réellement trop bon.

NITOUCHE.

Et quelle toilette ! On dirait que vous sortez d'un bal.

PAULINE, à Nitouche.

Et vous êtes arrivé aujourd'hui ?

NITOUCHE.

Ce soir même : je viens de la gare d'Orléans et je n'ai pas voulu manquer de venir vous voir aussitôt. Il était bien un peu tard ; mais j'aurais cru vous désobliger en ne descendant pas directement chez vous... Vous le voyez, j'arrive avec mon petit bagage, et je viens sans façon, comme il y a cinq ans, vous demander l'hospitalité.

PAULINE, à part.

Comment ?

DUMONT, *même jeu.*

Que dit-il ?

NITOUCHE.

J'ai bien fait, n'est-ce pas?

DUMONT.

Mais... sans doute.

NITOUCHE.

J'en étais bien sûr. Eh bien, si vous le permettez, je vais m'installer dans mon appartement. Si j'ai bonne mémoire, (Montrant la gauche.) c'est de ce côté.

PAULINE.

Non... non... pardon, c'est ma chambre.

NITOUCHE.

Oui ! c'est parbleu vrai ! Je me trompais. Respect au domicile conjugal. (Montrant la droite.) Alors, c'est de ce côté.

PAULINE.

Mais...

DUMONT.

De ce côté... C'est que...

NITOUCHE.

Quoi donc ?

DUMONT.

Je vous dirai que cette chambre...

NITOUCHE.

Cette chambre... ?

PAULINE.

D'abord les murs sont humides.

NITOUCHE.

Oh ! je ne suis pas si délicat, je me couvrirai mieux.
J'ai là mon manteau.

DUMONT.

Et puis... la cheminée fume...

NITOUCHE.

N'est-ce que cela ? Je ne ferai pas de feu.

PAULINE.

Elle n'est pas disposée.

NITOUCHE.

Qu'importe ? Je suis homme à m'accommoder de
tout. Je vais y transporter mon bagage.

DUMONT.

Comment ? Je ne souffrirai pas...

NITOUCHE.

Laissez donc : j'ai la bonne habitude de me servir
moi-même.

PAULINE.

Mais... monsieur Nitouche...

DUMONT.

Il est impossible...

NITOUCHE.

Ne vous dérangez donc pas : je vais m'installer tout
seul.

Il sort par la droite en emportant sa malle.


# SCÈNE VI

## DUMONT, PAULINE.


PAULINE, vivement.

Monsieur, je ne vous comprends pas.

DUMONT.

Madame, je vous en offre tout autant.

PAULINE.

Cela ne peut se passer ainsi.

DUMONT.

C'est parfaitement mon avis.

PAULINE.

Vous deviez lui faire sentir...

DUMONT.

Que ne l'avez-vous fait vous-même ?

PAULINE.

Vous ne deviez pas le recevoir.

DUMONT.

Que ne l'avez-vous congédié ?

PAULINE.

Vous l'avez vu le premier.

DUMONT.

C'est devant nous qu'il s'est expliqué.

PAULINE.

Vous pouviez trouver un prétexte.

DUMONT.

En avez-vous trouvé un ?

PAULINE.

Vous êtes son ami.

DUMONT.

Il est le vôtre.

PAULINE.

Enfin, monsieur, il est impossible qu'il occupe votre appartement.

DUMONT.

Il fallait donc lui céder le vôtre.


## SCÈNE VII

### Les Mêmes, NITOUCHE.


NITOUCHE, rentrant.

Comment donc ? Que me disiez-vous ? La chambre est admirable. Je n'aurai jamais été mieux logé de ma vie. Il y a un feu qui flambe dans la cheminée. Le lit est parfaitement dressé. On dirait réellement que j'étais attendu. Çà, maintenant causons un peu. (Ils s'assoient.) Laissez-moi me mettre entre vous deux, vous n'en serez jaloux ni l'un ni l'autre. Il y a si longtemps que nous nous connaissons. Laissez-moi m'initier un peu aux détails de votre maison, aux charmes de votre intérieur. Le matin, Oscar s'occupe de ses affaires. Il se rend au palais : ce n'est pas amusant, le palais ; mais le travail fait apprécier la douceur du repos. Aussi quel plaisir de venir à l'heure du dîner retrouver sa jolie petite femme qui vous reçoit avec un baiser et un sourire, de causer avec elle, de faire un peu de musique, car je me rappelle que vous êtes musicienne, Pauline.

PAULINE.

Très-peu maintenant.

NITOUCHE.

Et puis, de temps en temps, le spectacle, les soirées.

PAULINE.

Les soirées du cercle.

DUMONT.

Ou de madame Marbeuf.

NITOUCHE.

Quel plaisir de vivre à deux, de s'appuyer l'un sur l'autre.

PAULINE.

Oui ! Surtout quand on a un mari attentif, empressé à vous être agréable.

DUMONT.

Et quand on a une femme douce et affectueuse.

PAULINE.

Quand on a un mari indulgent pour sa femme, et insoucieux des autres.

DUMONT.

Quand on a une femme coquette pour son mari et modeste pour le monde.

PAULINE.

Quand on n'a pas un de ces hommes qui vont dépenser au dehors tout leur esprit et toute leur bonne humeur pour ne rapporter chez eux que l'ennui et la froideur, qui ne trouvent rien de beau ni de bon dans leur maison, quand ils proclament tout admirable chez les étrangers; de ces hommes que le monde trouve charmants parce que, aux qualités superficielles de l'esprit, ils joignent la beauté extérieure du sentiment ; mais qui perdent tout leur prestige à être approfondis, et qui sont les amis de tout le monde, excepté de ceux qui les connaissent.

DUMONT.

Et quand on n'a pas une de ces femmes inquiètes et tracassières, qui, loin de faire du foyer l'asile du repos et l'oubli des soucis de la journée, en font un théâtre de discorde et de récrimination, qui vous offrent la lutte quand vous ne demandez qu'un peu de calme, qui n'affectent la jalousie que pour vous tenir plus étroitement sous leur dépendance, et qui finiraient par nous tuer à coups d'épingle, si on ne prenait le parti de négliger la personne en mépris de ses attaques.

NITOUCHE.

A la bonne heure ! J'aime à voir comme vous vous rendez justice, et comme vous flétrissez avec chaleur tant de gens qui se rendent volontairement malheureux quand ils ont si peu à faire pour s'entendre. Car enfin qu'une femme soit d'un caractère un peu difficile, qu'un mari soit un peu trop vindicatif, ce ne sont pas là des crimes : avec de la confiance et quelques concessions tout s'explique et s'aplanit. Mais quand chacun tire de son côté et s'entête dans son amour-propre blessé, une boutade devient une querelle, le nuage devient une tempête, le ruisseau se fait abîme, et ceux-là deviennent véritablement coupables qui s'éloignent de plus en plus quand ils n'ont qu'un pas à faire pour se rapprocher. (A Dumont.) N'est-ce pas ton avis ?

DUMONT.

Certainement, mais...

NITOUCHE, à Pauline.

Et vous ?

PAULINE.

Sans doute. Cependant...

NITOUCHE.

Et que diriez-vous donc s'ils avaient des enfants ?... Mais à propos d'enfants, voyez quelle tête j'ai... Je n'ai pas encore pensé à votre petit Albert. Où est-il ?

PAULINE.

Albert ?

NITOUCHE.

Excusez-moi de n'avoir pas pensé plus tôt à lui. Où est-il ce cher enfant ! Ah ! il est sans doute endormi?

PAULINE.

Il est depuis quelques jours à la campagne.

NITOUCHE.

Comment ? à la campagne.

DUMONT.

Oui, pour sa santé...

NITOUCHE.

Il est malade, et loin de vous ?...

PAULINE.

Oh ! peu de chose.

NITOUCHE.

Et vous pouvez vivre sans le voir ?

PAULINE.

C'est M. Dumont...

DUMONT.

Pardon, madame...

NITOUCHE.

Qu'est-ce à dire ? Monsieur, madame !... Je suis donc devenu un étranger pour vous? Je vous dérange. Monsieur, madame? Mais, mes chèrs enfants, vous savez bien que devant moi vous n'avez pas besoin de vous contraindre.

PAULINE, à Dumont.

Enfin, c'est vous, mon ami...

NITOUCHE.

Vous? J'ai entendu *vous*. Mais parlez-vous donc comme si je n'étais pas là. Il y a cinq ans je vous entendais vous tutoyer devant moi, et si parfois vous hésitiez un peu, vous n'avez plus les mêmes raisons...

DUMONT, à Pauline.

Tu sais bien, ma chère, que le médecin lui avait ordonné l'air de la campagne.

NITOUCHE.

Il est à la campagne? Eh ! bien j'irai à la campagne. Je veux le voir, ce cher enfant. Comme il doit être gentil! Il est blond ?

PAULINE, vivement.

Oui, blond clair, avec de gros yeux bleus et des couleurs roses ; dans la rue tout le monde s'arrête pour le regarder.

NITOUCHE.

Il doit bientôt avoir trois ans ?

DUMONT, vivement.

Oui, mais tout le monde lui en donne quatre, tant il est grand et robuste pour son âge.

NITOUCHE.

Bien, bien! Je veux aller le voir. M'accompagnerez-vous ?

PAULINE.

Oui.

DUMONT.

Oui.

NITOUCHE.

Quand ?

PAULINE.

Demain.

DUMONT.

Demain matin.

NITOUCHE.

Bravo !

DUMONT.

Et nous le ramènerons.

PAULINE.

Pour ne plus le quitter.

> Ils se lèvent.

NITOUCHE.

Ah ! mes enfants, que vous êtes heureux ! Voyez, je suis tout ému. Ah ! que ne donnerais-je pas pour avoir auprès de moi un petit chérubin blond et rose qui m'appelât son père ! Moi qui étais autrefois si gai, si insouciant, c'est maintenant que je sens tout le vide qui se fait autour de moi. A quoi suis-je bon ici-bas ? A jouer ma partie de piquet le soir avec quelques vieux garçons...

PAULINE.

Des amis ?...

NITOUCHE.

Non : des partenaires. Tous ceux qui ont été mes amis ont une femme, des enfants. Toutes leurs affections sont tournées de ce côté. Ils songent à l'avenir, tandis que moi, je me sens inutile ne devant rien laisser après moi. Ah ! si j'avais un enfant !... Eh bien ! du vivant de ma femme, ce regret ne me poursuivait pas ainsi. Je ne pouvais pas entrevoir cette longue solitude.

DUMONT.

Elle était si bonne !

PAULINE.

Et vous l'aimiez tant !

NITOUCHE.

Oh ! ce n'était rien moins qu'un amour romanesque; mais nous avions besoin l'un de l'autre. C'est surtout quand on vit seul qu'on sent combien il est doux de vivre à deux.

DUMONT.

Je me rappelle qu'un jour vous partîtes pour un petit voyage, et qu'au bout de trois jours, inquiète, elle se mit elle-même en route pour aller vous rejoindre.

PAULINE.

Et vous lui promîtes de ne jamais plus voyager sans elle.

NITOUCHE.

Oh ! je me rappelle tout : il n'est pas jusqu'à nos petites discussions...

DUMONT.

Ah ! vous aviez quelquefois des discussions ?

NITOUCHE.

Quel est le ménage qui n'a pas les siennes ?

PAULINE.

Vous croyez?

NITOUCHE.

Où serait sans cela la douceur du raccommodement?

DUMONT.

Vous vous raccommodiez ?

NITOUCHE.

Toujours.

PAULINE.

Mais qui faisait le premier pas ? C'était vous ?

Nitouche fait un signe négatif.

DUMONT.

C'était-elle ?

NITOUCHE.

Ni l'un ni l'autre.

PAULINE.

C'est pourtant à celui qui a tort à faire la première démarche.

NITOUCHE.

Non.

DUMONT.

C'est donc à celui qui a raison...

NITOUCHE.

Non. Cela se fait tout seul. Une fois, je m'en souviens, la brouille fut sérieuse. Nous restâmes huit jours
entiers sans nous dire un mot. Huit jours ! Oh ! vous
ne pouvez pas comprendre cela, vous autres.

PAULINE.

Et comment cela se termina-t-il ?

NITOUCHE.

Voici : naturellement nous dînions ensemble ; le
premier jour, nous nous éloignâmes un peu l'un de
l'autre ; le second jour encore, et le troisième un peu
plus, de manière que le quatrième jour nous nous
trouvions aux deux extrémités de la table.

DUMONT.

Eh bien ?...

NITOUCHE.

Eh bien, comme nous continuions toujours à nous
éloigner, et que la table était ronde, il se trouva que le
huitième jour nous étions réunis de l'autre côté de la
table.

PAULINE.

Et alors ?...

NITOUCHE.

Et alors nous étions si voisins, que dans un mouvement fortuit nos mains se rencontrèrent, nous nous
embrassâmes et tout fut dit.

PAULINE, après un moment de silence.

Mais cette fois-là, qui avait les torts ?

NITOUCHE.

Tous les deux... Non, je me trompe : c'était moi puisqu'elle est morte... Et c'est si vrai que, quoique je l'aie bien aimée, il m'est arrivé, depuis que je l'ai perdue, d'avoir des remords, oui, des remords pour les contrariétés que je ne lui ai pas épargnées ; et, c'est un aveu que peu de gens feraient aujourd'hui, depuis le jour de sa mort, je n'ai jamais cessé de faire le soir ma prière ; et après l'avoir terminée, je m'écrie toujours : « Amélie, Amélie, pardonne-moi les chagrins que je t'ai causés... » Mais, pardon... qu'ai-je à faire de troubler par mes vieux contes votre jeunesse et votre amour. Vous êtes heureux... Allons, ne pensez qu'à votre bonheur. Adieu, mes enfants, j'ai besoin de repos... A demain, n'est-ce pas ?

Nitouche sort par la droite. Dumont et sa femme restent un moment indécis. Dumont offre le bras gauche à sa femme qui l'accepte, et ils sortent tous deux par la porte à gauche.

FIN DE M. NITOUCHE

# CENT FRANCS

## SCÈNE

### A DEUX PERSONNAGES

# PERSONNAGES

TRISTAN
PROSPER RICHARD
Un Domestique.

# CENT FRANCS

La scène chez Tristan.

---

## SCÈNE PREMIÈRE

TRISTAN, seul.

Sapristi ! il me manque cent francs... Il me faut cent francs aujourd'hui même. Je vais aux courses ; j'y conduis des dames de la dernière distinction. C'est dimanche. Les banques sont fermées. Je ne puis faire un chèque. Moi, qui ai trente-six mille francs de rentes, trois mille francs par mois, je vais être déshonoré faute de cent francs. Que pensera de moi le cocher de madame... ?

## SCÈNE II

TRISTAN, UN DOMESTIQUE.

LE DOMESTIQUE.

Une carte pour monsieur.

TRISTAN, lisant la carte.

« Prosper Richard. » Je n'y suis pas. (Rappelant le domestique qui sort.) Mais si, mais si ! Faites entrer. (Le domestique sort.) Il serait bien étonnant qu'un homme qui se nomme Prosper et Richard n'eût pas cent francs sur lui.


## SCÈNE III

## TRISTAN, PROSPER.


PROSPER.

Mon cher Tristan, j'ai un service à réclamer de vous. J'avais à payer hier, samedi, un billet de deux cents francs. Je n'ai pas pu l'acquitter. J'ai un jour de répit, aujourd'hui ; mais il faut que je paie demain, lundi.

TRISTAN.

Combien dites-vous ?

PROSPER.

Deux cents francs, et je n'en ai que cent.

TRISTAN.

Tu as cent francs sur toi ?

PROSPER.

Oui.

TRISTAN.

Assieds-toi donc, mon vieux camarade. Est-ce que nous ne nous tutoyons plus comme autrefois ?

PROSPER.

Oh ! je savais bien que tu me reconnaîtrais, toi !
Tu vois que j'ai pensé à toi. J'ai cherché parmi mes
vieux camarades quel était le plus riche, et, sans façon, je suis venu m'adresser à vous... à toi.

TRISTAN.

Et tu as bien fait... Il te manque donc ... ?

PROSPER

Cent francs.

TRISTAN.

Etrange coïncidence !

PROSPER .

Tu dis ?...

TRISTAN.

Rien. Ainsi, il te manque cent francs. Comment
peux-tu avoir besoin de cent francs ?

PROSPER.

Parce qu'ils me manquent.

TRISTAN.

Tu n'as donc pas de fortune ?

PROSPER.

Je n'ai que mes appointements ; trois mille six
cents francs par an.

TRISTAN.

Trois mille six cents francs par an ! c'est énorme.

PROSPER.

Tu trouves ?

TRISTAN.

Tu ne peux pas dépenser cette somme-là.

PROSPER.

Mais si, mais si, à preuve que...

TRISTAN.

Mon cher ami, ton budget doit être mal réglé, car enfin tu n'as pas l'air d'avoir le goût de la dépense ?

PROSPER.

Oh ! non.

TRISTAN.

Tu n'as pas de besoins, toi ?

PROSPER.

Pas beaucoup.

TRISTAN.

Si tu étais soldat, tu vivrais avec cinq sous par jour ?

PROSPER.

Oui.

TRISTAN.

Et très-bien ?

PROSPER.

Certainement.

TRISTAN.

Tu n'as pas besoin de manger des truffes ?

PROSPER.

Connais pas.

TRISTAN.

De boire du Château-Yquem ?

PROSPER.

Comment dis-tu ?

TRISTAN.

Il ne te faut pas des fraises en janvier, des abricots en mai, des raisins en juin ?

PROSPER.

Non, non, non.

TRISTAN.

Tandis que moi... Si tu savais dans quelle gêne je me trouve ! Tiens, tu vas en juger. J'ai trente-six mille francs de rentes.

PROSPER.

Dix fois plus que moi.

TRISTAN.

Précisément. Eh bien ! je suis plus pauvre que toi.

PROSPER.

C'est beaucoup dire.

TRISTAN.

Rien de plus facile à établir. J'ai d'abord un loyer de trois mille six cents francs.

PROSPER.

Juste mes appointements.

TRISTAN.

C'est le dixième de mon revenu. Tu vois que je suis dans les vieilles idées, dans le système patriarcal de nos ancêtres. Certes, pour loger mes meubles, mes tapisseries, mes tableaux, ma vaisselle, mes antiquités, mes bibelots, mes potiches et ma personne, ce n'est pas trop.

PROSPER.

Moi, j'ai huit cents francs de loyer.

TRISTAN.

C'est énorme. Tu sors complétement des proportions d'usage. C'est un axiome qu'on doit mettre à son loyer le dixième de son revenu : ci trois cent soixante francs.

PROSPER.

Je le sais, mais c'est impossible.

TRISTAN.

Il faut savoir se priver. Regarde, je devrais avoir une voiture. Eh bien ! je n'ai qu'un cheval de selle.

PROSPER.

Moi je vais en fiacre une ou deux fois par an.

TRISTAN.

J'étais bien sûr que tu roules carrosse. Permets-moi de te dire que voilà une dépense superflue. Quand on a des omnibus, des tramways et des jambes comme les tiennes...

PROSPER.

Ce n'est pas pour moi, c'est pour...

TRISTAN.

Croirais-tu que je ne puis déjeuner à moins de quinze francs, ni dîner à moins de vingt-cinq ?

PROSPER.

Quarante francs par jour ! mais avec cette somme, nous vivons, pendant près d'un mois, ma femme, mes enfants et moi.

TRISTAN.

Ta femme, tes enfants ? Quoi, tu es marié et père de famille ?

PROSPER.

Eh ! oui, eh ! oui.

TRISTAN.

Mais alors c'est l'opulence ! Une femme dans une maison, c'est un revenu par l'économie qu'elle apporte et qu'elle inspire.

PROSPER.

Oui, ma femme est économe et mes enfants ne dépensent pas beaucoup.

TRISTAN.

Ah ! voilà ce qu'il me fallait, des goûts simples, une femme et des enfants ; des goûts simples surtout ; car enfin, toi, mon cher Prosper, tu peux te passer d'un

cheval qui te mange cinq francs par jour, sans compter le prix d'achat, l'écurie, le domestique, le maréchal et les accidents. Tes yeux n'ont pas besoin d'une
collection d'objets d'art qui détient un capital considérable ; ton intelligence n'a pas soif d'une bibliothèque
garnie de livres de prix qu'on n'ouvre jamais ; tes mem-
bres n'exigent pas de meubles élastiques ni de coussins
moelleux ; tu n'es pas obligé d'avoir une note de trois
mille quatre cent cinquante francs chez ton tailleur,
de deux cent trente francs chez ton bottier, de cent
cinquante francs chez ton chapelier. Un lit, une table
de bois blanc, des chaises de paille, voilà ton mobilier ;
quelques images d'Epinal pour tes enfants, voilà tes
tableaux ; un catéchisme, une grammaire et des ro-
mans à quatre sous, voilà ta bibliothèque. Une veste,
un pantalon, deux paires de souliers à vis, un chapeau
d'occasion, voilà un homme équipé. Le pot au feu une
fois par semaine, voilà une famille nourrie. Pas de
domestique, pas de servante, pas de voiture, pas... de
maîtresse, pas de maîtresse, n'est-ce pas ?

PROSPER.

Oh ! non.

TRISTAN.

Je te dis que tu es riche. Non, tu n'es pas riche, tu
es millionnaire. Vois donc, si j'étais comme toi, si je
n'avais ni cheval, ni tableaux, ni livres, ni tailleur, ni
bottier, ni chapelier, ni accidents, ni maîtresse, je ne
saurais que faire de mon argent. Tu n'as aucun souci
d'avenir. Tes revenus t'arrivent régulièrement ?

PROSPER.

Oui, à la fin du mois.

TRISTAN.

Et d'une façon certaine, sans contestation, sans hésitation, sans réduction ?

PROSPER.

Oui.

TRISTAN.

Heureux homme ! Ecoute, puisqu'il en est ainsi, je n'ai plus de scrupule. Tu sais que, bien différent de toi, j'ai tous les besoins. Eh bien, aujourd'hui, il faut que j'aille aux courses; c'est une promesse faite à une femme, une affaire d'honneur. Il me faut cent francs, tu les as, prête-les moi.

PROSPER.

Je venais au contraire...

TRISTAN.

Pardon ! quel est le riche ? Celui qui prête ; et le pauvre ?...

PROSPER.

Celui qui emprunte.

TRISTAN.

Eh bien, c'est moi qui emprunte et c'est toi qui prêtes. Donc tu es le riche et je suis le pauvre.

PROSPER.

Mais mon billet ?...

TRISTAN.

Allons, donne-moi tes cent francs.

PROSPER.

Mais, mon cher ami...

TRISTAN.

Allons, donne donc, demain je te les rendrai.

PROSPER.

Vrai ?

TRISTAN.

Puisque je te le dis : adieu.

PROSPER.

Adieu.

TRISTAN.

Pauvre garçon ! Je les lui rendrai. Mais j'y pense : demain les banques seront ouvertes et je peux lui donner mon chèque dès aujourd'hui. (Courant à la porte.) Prosper, Prosper !

PROSPER, rentrant.

Quoi encore ?

TRISTAN.

Tiens, voilà un chèque que tu pourras toucher demain.

PROSPER, lisant le chèque.

Deux cents francs ! Mais je ne t'en ai prêté que cent.

TRISTAN.

Pardon, il y a les cent que je t'emprunte et les cent
que je te prête.

PROSPER.

Oh ! merci.


FIN DE CENT FRANCS

# LA CRAVACHE

## SAYNÈTE

### A DEUX PERSONNAGES

MÊLÉE DE VERS ET DE PROSE

# PERSONNAGES

LORÉDAN, commandant de l'armée territoriale.
IRMA, sa femme.

# LA CRAVACHE

---

Un salon ; à gauche, une cheminée surmontée d'une glace. Du même côté, une porte. Une autre porte à droite, une au fond.

---

## SCÈNE PREMIÈRE

### IRMA.

Elle entre doucement par la droite, un paquet de lettres à la main. Elle met son pince-nez et donne un coup d'œil à la glace, pose un gros paquet de lettres sur la cheminée, y prend une autre lettre qu'elle lit, hausse les épaules, met cette dernière lettre avec les autres dans la liasse, se regarde encore dans le miroir. Elle peut renouveler plusieurs fois cet exercice en apportant de nouveaux paquets de lettres au nombre de quatre, et en se regardant tantôt avec des sourires, tantôt avec des regards courroucés. Elle sort par la droite en entendant le pas de son mari.

## SCÈNE II

LORÉDAN, entrant par le fond, la cravache à a main.

Ma jument ce matin était un peu rétive ;
Comme je ne suis pas, moi, de l'armée active,

Et que je n'ai jamais personne cravaché,
J'hésitais...

>                    *Il fait signe de donner un coup de cravache.*
Mais tant pis!... Et la bête à marché.

Je suis mieux. Je viens de dépouiller l'uniforme de
commandant de l'armée territoriale.

Il est doux quelquefois de quitter l'épaulette
Pour revêtir l'habit ou la simple jaquette,
Et de redevenir en un modeste abri
-Bourgeois comme devant, citoyen et mari.

Mari surtout. Il faut que vous sachiez que j'ai une
femme charmante; mais, mais si vous la connaissiez,

>        Ma femme que j'adore,
>        Tout en la détestant,
>        Ma femme qui m'abhorre
>        Tout en me supportant!
>        Mais qui pourrait connaître
>        L'amour en ses façons?
>        Nous nous aimons peut-être
>        Plus que nous ne pensons.

Nous sommes en correspondance suivie.

>        Tous les jours nous taillons nos plumes,
>        Pour nous envoyer des volumes
>        De propos plus ou moins grossiers.
>        Nous trouvons ainsi la manière
>        De donner une ample carrière
>        A nos instincts écrivassiers.
>        C'est le courrier de la journée
>        Déposé sur la cheminée:
Question du matin et réponse du soir.
>        Nous allons voir, nous allons voir.

Hein? quoi? qu'est-ce à dire? Quel tas! Aujour-

d'hui ce n'est plus une lettre, c'est la correspondance
de Voltaire... Non, pas de Voltaire : ce sont mes lettres, toutes mes lettres à moi ; une année de lettres en
quatre paquets, par trimestres. Toutes jusqu'à la dernière, celle de ce matin qu'elle me retourne. Ah !
femme !

Un an entier perdu ! quel travail inédit !
O dépense d'esprit, de papier et de style !
Trois cent soixante-cinq lettres ! non, qu'ai-je dit ?
Trois cent soixante-six : l'année est bissextile.

Mes lettres, mes pauvres lettres, voilà le cas qu'elle
en fait ! Peut-être sont-elles un peu brutales ? Voyons,
lisons au hasard.

Il pose sa cravache sur une chaise et tire d'une des liasses huit
    lettres, dont il lit des extraits.

« 3 Avril. Chère Irma, j'obéis, je te comprends,
je t'aime ! »

« 4 Avril. Tu peux changer, mon cœur sera toujours
le même... »

« 5 Avril. Ce que tu veux, Irma, j'ai fait et je
ferai. »

« 6 Avril. Dispose de mon bras, de ma vie à ton
gré. »

« 7 Avril. Tu le veux, il suffit : je serai militaire. «
C'est très-bien rangé.

« 8 Avril. Conviens que ton époux est d'un bon caractère. »

« 9 Avril. Chère Irma, tu me fais aller comme un
tonton. »

« J'avais nom Lorédan et je signe Mouton. »

C'est peut-être rude ; mais enfin ce n'est pas insolent. Ah ! ma chère femme, je ne serai pas en reste

avec vous. Vous me renvoyez mes lettres, je vous res-
tituerai les vôtres.

Il sort par la porte voisine de la cheminée.

# SCÈNE III

## IRMA, seule.

Elle entre, met son pince-nez, se regarde encore dans la glace et
sort en emportant la cravache que Lorédan avait laissée sur
une chaise. Elle sort par la droite.

# SCÈNE IV

## LORÉDAN, seul.

Il entre tenant dans ses bras d'énormes liasses de lettres qu'il
pose sur la chaise où était la cravache.

Les voici toutes. Elles sont trois cent soixante-cinq
et non trois cent soixante-six, puisque je n'ai pas reçu
de réponse à ma dernière. Il doit y avoir là-dedans une
jolie collection d'épithètes...

Ce que je fais est bien hardi peut-être,
Mais je commence à me fâcher ;
Ma femme va bientôt paraître :
C'est le moment de me cacher.

Il sort par la porte voisine de la cheminée.

## SCÈNE V

### IRMA, seule.

Elle entre de droite, la cravache à la main. Elle voit le tas de
lettres sur la chaise. Elle montre par un signe qu'elle sait son
mari dans la chambre voisine. Elle se regarde en donnant des
coups de cravache dans le vide. Elle dit d'un ton tragique.

Le voici donc, le produit de mes veilles,
            Ces lettres, ces merveilles
Ecrites en français, dans un français soigné
            Qu'aurait sans nul doute signé
            La marquise de Sévigné.
Le sel de mon esprit, la séve de mon âme,
Tu n'en as pas voulu, tu me les rends, infâme !
            Ces écrits, ces écrits
            Dignes de ton mépris,
            Ils appartiennent à l'histoire.
            Tu me les rends !
            Je les reprends
Pour les faire imprimer ; il deviendront ma gloire.
            M'entendez-vous, m'entendez-vous ?
Oh ! oui, vous m'entendez, mon misérable époux !
Avancez donc à l'ordre ! A genoux ! à genoux !


## SCÈNE VI

### IRMA, LORÉDAN.

#### LORÉDAN.

Ah ! Irma, vous voulez me battre ?

IRMA.

Demandez-moi grâce, ou sinon...

LORÉDAN.

Mais qu'ai-je donc fait de si coupable ?

IRMA.

Oser me rendre mes lettres, des lettres dans lesquelles j'avais mis tout mon cœur.

LORÉDAN.

Mais, chère mignonne, je n'ai fait que suivre ton exemple.

IRMA.

Vous n'êtes pas digne de l'imiter.

LORÉDAN.

On fait ce qu'on peut.

IRMA.

Me rendre des lettres telles que celles-ci ! Tenez, je prends au hasard. (Elle lit.) « Avril. Monsieur, vous ne m'avez jamais comprise, aimée ni obéie. »

LORÉDAN, relisant ses lettres.

« Chère Irma, j'obéis, je te comprends, je t'aime. »

IRMA.

« Mes sentiments pour vous ont bien changé. »

LORÉDAN.

« Tu peux changer, mon cœur sera toujours le même. »

IRMA.

« Il est inouï que depuis dix ans je n'aie pas pu exercer sur votre nature insensible la moindre influence. »

LORÉDAN.

« Ce que tu veux, Irma, j'ai fait et je ferai. »

IRMA.

« Egoïste que vous êtes, vous n'auriez pas un dévouement à mon service, pas un plaisir à perdre, pas un danger à courir. »

LORÉDAN.

« Dispose de mon bras, de ma vie à ton gré. »

IRMA.

« Homme inutile, vous n'avez ni la fibre d'amour, ni la fibre nationale. »

LORÉDAN.

« Tu le veux, il suffit, je serai militaire. »

IRMA.

« Vous cédez, mais en murmurant, avec rancune, avec l'arrière-pensée d'un retour offensif. »

LORÉDAN.

« Conviens que ton époux est d'un bon caractère. »

IRMA.

« Vous avez cru, en vous lançant dans la carrière militaire, vous soustraire à vos devoirs d'époux et de père. Vous vous faites mépriser sans doute par vos collègues, vous, un officier de l'armée... »

LORÉDAN.

Territoriale.

« Chère Irma, tu me fais aller comme un tonton.

IRMA.

« Vous êtes un insolent, un monstre, un malotru, un
butor, un tigre, un chacal... »

LORÉDAN.

« J'avais nom Lorédan et je signe Mouton. »

IRMA.

Mouton ! oui, vous m'avez indignement trompée,
Quand je vous croyais homme à tenir une épée.
      Maintenant je vous connais bien.
A toucher cette main, cette main s'est souillée.
      Mauvais soldat et mauvais citoyen,
Vous n'êtes, commandant, qu'une poule mouillée !

LORÉDAN.

Ma petite Irma, donne-moi cette cravache dont tu
n'as que faire.

IRMA.

Ah ! ah ! la plaisanterie est bonne.

LORÉDAN.

Donne-la moi.

IRMA.

Sur les épaules ?

LORÉDAN.

A moins que tu ne préfères que je la prenne.

IRMA.

Oh ! cela, je t'en défie bien.
        Lorédan lui arrache la cravache des mains.

LORÉDAN.

Ce ne sera pas plus difficile que cela.

IRMA, à part.

Comme il est fort !

LORÉDAN.

Nous sommes seuls?

IRMA, émue.

Oui.

LORÉDAN.

Personne ne peut nous entendre?

IRMA.

Non.

LORÉDAN, gravement.

Certe, on ne dira pas que je suis un barbare ;
J'ai le traitement doux et l'emportement rare.
Irma, pardonnez-moi le cruel châtiment
Que je vais exercer, vous allez voir comment.

Il lève la cravache.

IRMA.

Tu le ferais ?

LORÉDAN.

Mais oui.

IRMA.

Je t'aime, je t'adore!

Elle se bat elle-même avec la cravache.

Mon mari, mon amant ! Frappe donc, frappe encore!
Fais sentir à mon corps la vigueur de ton bras.
Je serai désormais tout ce que tu voudras.
Tu ne savais donc pas ce que c'est qu'une femme?
L'autorité qu'elle réclame,
Le pouvoir souverain, c'est pour elle d'abord

        Qu'elle le revendique ;
Mais dès qu'elle a senti l'ascendant d'un plus fort,
       Elle capitule, elle abdique ;
Elle devient gazelle en face du lion,
Et se fait un honneur de sa soumission.
        Oh ! bats-moi, frappe encore !
        Je t'aime, je t'adore !
Je me jette à tes pieds ; mon maître, mon vainqueur,
Tu m'as enfin conquise et tu m'as pris mon cœur.

LORÉDAN.

Ma jument ce matin était un peu rétive ;
Comme je ne suis pas, moi, de l'armée active,
Et que je n'ai... pardon, je suis bien empêché...
Que je n'avais jamais personne cravaché,
J'hésitais ; mais tant pis !...

IRMA, se jetant dans les bras de Lorédan.

        Et la bête a marché.


FIN DE LA CRAVACHE

# SOUFFLÉ AU TAPIOCA

MONOLOGUE

# LE
# SOUFFLÉ AU TAPIOCA

Mesdames et messieurs, vous me voyez dans un grand embarras. Madame la baronne de Pontabodet, qui nous reçoit avec tant de charme et d'amabilité, me prie de réciter une scène de ma composition. Par le plus grand des hasards, j'ai cette scène sur moi ; mais je ne suis pas sûr de ma mémoire, et je ne veux pas lire : cela n'a pas de grâce. J'avais bien prévu que, par le plus grand des hasards, ma femme viendrait ce soir, et alors j'aurais eu mon souffleur sous la main. Ce n'est pas ma femme qui doit me souffler, mais elle devait être accompagnée de mon cousin germain Ernest Gobergeot. (Il porte le même nom que moi, ce qui fait que, lorsqu'il se présente dans un salon avec ma femme, on annonce toujours « Monsieur et madame Gobergeot, » de telle sorte qu'on le prend souvent pour moi et qu'on me prend, moi, pour mon cousin.) C'est un garçon d'un grand mérite et excellent souffleur. Il devait être ici, par le plus grand des hasards, et proposer de me souffler. Mais je ne vois pas venir ma femme, ni, par conséquent, mon cousin Ernest . Si, par le plus grand des hasards, il se trouvait dans la société une personne intelligente qui voulût bien me servir de souffleur...? (Désignant deux personnes.) Monsieur? ou plutôt monsieur? Non? Si? Je vous en supplie. Voici le manuscrit. (Il donne le manuscrit.) Ayez la bonté de me regarder toujours en face et de ne pas perdre de vue le texte, Faites en sorte que personne ne vous entende, excepté moi. Je sais fort bien mon morceau, qui, je vous le répète, est de ma composition; mais si vous me voyez embarrassé, et seulement alors, vous aurez la bonté de me soutenir. Attention : je commence. Ah! encore une observation : si ma femme arrivait pendant la scène... Vous connaissez ma femme? Oui? Elle sera d'ailleurs avec mon cousin. Vous connaissez Ernest Gobergeot? Oui? Parfait. Dans ce cas, vous auriez la complaisance de remettre à mon cousin, pas à ma femme, le manuscrit que je vous ai confié. Vous l'appelleriez à voix basse, sans que personne s'en aperçoive, et vous lui céderiez votre place... C'est bien convenu! Je commence.

Mesdames et messieurs, je réclame votre indulgence en faveur d'un jeune auteur qui se produit devant vous dans les plus mauvaises conditions. Vous le voyez, je n'ai pas de théâtre et je manque de souffleur. Mon cousin Ernest devait accompagner ma femme à cette réunion d'élite, mais ne voyant arriver ni l'un ni l'autre, j'ai dû prendre un souffleur inconnu, le premier qui m'est tombé saus la main. Il a l'air intelligent, soit ; mais les apparences sont si trompeuses! C'est peut-être un.., j'espère que non. Enfin je livre mon esquif au plus grand des hasards. Ma pièce est intitulée : *Le Tapioca anti-matrimonial.* C'est original.

Je commence. C'est en vers. Est-ce en vers? Oui, en vers... approximatifs. Je débute par une invocation au baron Brisse.

Attention ! (Au souffleur.) Vous, monsieur, ne me soufflez qu'à la dernière extrémité.

### LE TAPIOCA ANTI-MATRIMONIAL

Ombre du baron Brisse, ombre du plus gros homme
Qui jamais ait été de Paris jusqu'à Rome,
Regardant le souffleur et lui faisant signe, puis l'arrêtant en
  marquant qu'il sait son rôle. Ce jeu doit durer avec des
  variantes pendant tout le débit des vers...
Je vais, je viens, je veux évoquer en ce jour
Ton souvenir fidèle au terrestre séjour.
Ton estomac fut vaste et ta gloire fut grande.
Déjà ton nom fameux entre dans la légende.
Quelques esprits hardis ont en vain contesté
Ton existence humaine et ton identité ;
Mais moi qui t'ai connu, baron incomparable,
Appétit sans égal, fourchette inénarrable,
J'ai pu, je puis encore, incliné devant toi,
Confesser ta grandeur et propager ta foi.
Cependant, dans le cours de ta haute fortune,
Je l'avoue, il existe une immense lacune.
Oui, dans un balthazar offert à des amis,
A de vieux commensaux, tu m'avais bien promis
De nous débarrasser de cet affreux potage,
Effroi de la nature, opprobre de notre âge,
De ce produit grenu, visqueux, amidonneux,
Rempli de résidus, de filaments gommeux,
De cette colle qui salit, afflige, altère
Le bouillon naturel, le bouillon salutaire.
Avant d'atteindre au but le souffle te manqua.
Tu mourus sans avoir tué le tapioca.

(Au souffleur.)

Tapioca, tapioca !... Eh bien, monsieur ? Vous soufflez quand je n'en ai que faire et vous êtes muet quand j'ai besoin de vous. (Au public.) Mesdames et messieurs, je suis désolé. Je l'avais bien prévu. On peut être un homme fort intelligent d'ailleurs et être inepte... c'est-à-dire inapte à souffler. (Au souffleur.) Voulez-vous me rendre mon manuscrit ? Merci, monsieur. (Au public.)Je vais le lire, ou plutôt non : tant pis ! Je vais improviser le reste en prose. Ce sera plus tôt fait.

Je veux vous raconter comment mon mariage et tous mes malheurs ont été dus au tapioca. C'était en... la date importe peu. J'étais au château de... le nom n'importe guère, dans une famille... que j'ai complètement oubliée. On voulait me marier à une demoiselle Félicie... quelle Félicie? Je ne sais. On m'avait placé à côté d'elle à table. Elle était ravissante, blonde et rose. On sert le potage... Tapioca ! Au moment où on m'offre une assiette profonde remplie de ce composé délétère, je la repousse avec horreur et, dans nn mouvement désordonné, je renverse tout le contenu sur ma voisine, ma jolie fiancée. Le liquide était chaud, très-chaud. Le cou, les épaules, les bras de la jeune personne furent brûlés par ce corps gras qui ne refroidit jamais. Je me sauvai, et je n'osai jamais plus reparaître devant Félicie.

Je me suis plu à supposer que cet accident n'avait pas eu lieu, et à reconstituer ma vie, abstraction faite du tapioca.

Sans ce fatal potage, j'aurais épousé Félicie. Il ne s'agit nullement de madame Gobergeot, mon épouse actuelle. Je l'aurais chérie avec ardeur, elle m'aurait aimé avec passion. Elle m'aurait apporté en dot tant... environ. J'aurais vécu de ses rentes. J'aurais pris des obligations de la ville de Paris et gagné le gros lot. Nous aurions eu tant d'enfants... plus ou moins. J'aurais acheté une voiture et deux chevaux gris de fer. J'aurais eu une maison de campagne à Fontainebleau et des terres en Picardie. Nous aurions vécu, moi et ma femme, dans un parfait accord. J'aurais eu la douleur de la perdre après tant d'années d'un bonheur sans mélange. Devenu veuf, j'aurais liquidé la succession de tous les parents de ma femme évaluée à plusieurs millions; j'aurais placé ce supplément de fortune en valeurs ottomanes. J'aurais peut-être songé alors à épouser ma femme actuelle. Ce n'est pas vraisemblable, et d'ailleurs elle aurait été épousée d'abord par Ernest Gobergeot. Bref, je ne sais pas du tout ce qui serait arrivé; mais je crois en avoir dit assez, et voilà qu'au moment de finir, les derniers vers de ma pièce me reviennent à l'esprit :

> Tel était le récit que j'avais annoncé,
> Je le termine ainsi que je l'ai commencé.
> Cher baron, je devais à ta grande mémoire
> Le résultat final de cette triste histoire :
> Avant d'atteindre au but le souffle te manqua;
> Et c'est moi qui prétends tuer le tapioca.


FIN DU SOUFFLÉ AU TAPIOCA

# LES MAL MARIÉES

## SAYNÈTE

### MÊLÉE DE VERS ET DE PROSE

# PERSONNAGES

Mme RICHEBOURG, femme d'un banquier.
LA MARQUISE DE PUYCERTAIN.
Mme GORJEAN, née princesse Atalante de Romanesco.
JOSEPH, valet de chambre de madame Richebourg.

---

# LES MAL MARIÉES

La scène à Paris, chez madame Richebourg. — Un salon élégant. — Porte au fond, porte à gauche.

—

PROLOGUE qui peut être dit par un des personnages de la saynète, de préférence par madame Richebourg.

AU PUBLIC

Quel titre pompeux : LES MAL-MARIÉES !
Mesdames, d'abord vous êtes priées
De ne voir ici rien qui soit pour vous.
Toutes vous avez de charmants époux.
C'est dans l'autre monde ou bien dans la lune
Qu'est de ces messieurs la race commune
Qui vont tourmentant leurs pauvres moitiés
De nœuds dont ils sont eux-mêmes liés.
Nous n'abordons pas ce sujet immense,
Un grain de millet fait notre semence.
Nous ne buvons pas le vin jusqu'au bout :
Une larme seule en donne le goût.
Notre œuvre du jour, saynète étourdie,
Sera tout au plus à la comédie
Ce qu'une chanson est à l'opéra.
Car... si... mais... d'ailleurs... d'ailleurs on verra.
   Elle sort par la gauche. La scène reste vide un moment.

## SCÈNE PREMIÈRE

## JOSEPH, LA MARQUISE DE PUYCERTAIN.

JOSEPH, ouvrant la porte du fond et annonçant.

Madame la marquise de...

LA MARQUISE.

De rien du tout, puisqu'il n'y a personne.

JOSEPH.

Je vais prévenir madame... La voici.


## SCÈNE II

## LES MÊMES, MADAME RICHEBOURG.

MADAME RICHEBOURG, entrant par la gauche.

Bonjour, chère. (A Joseph.) Joseph, prévenez Maréchal qu'il ait à atteler la calèche dès qu'il verra venir madame Gorjean...

Joseph sort par le fond.

LA MARQUISE.

Née princesse Atalante de Romanesco, la femme la plus aimante, la plus aimée...

MADAME RICHEBOURG.

Et par conséquent la plus heureuse du monde.

LA MARQUISE.

Après vous, Marguerite.

MADAME RICHEBOURG.

Après vous, Adèle.

LA MARQUISE.

Qui sait ?

MADAME RICHEBOURG.

Peut-être ?...

LA MARQUISE.

Vous avez là un joli chapeau. Une attention de M. Richebourg, sans doute ?

MADAME RICHEBOURG.

Il a tous les jours de ces attentions-là... par abonnement.

LA MARQUISE.

Quel bon mari !

MADAME RICHEBOURG, ironiquement.

Oui, c'est le cas de le dire. Il me comble, il m'accable. Il faut que je dépense beaucoup d'argent et qu'on le sache ; que je fasse étalage de son faste, de ses salons, de ses tableaux, de sa cuisine, de ses voitures...

LA MARQUISE.

Et c'est pour cela que vous m'invitez tous les jours avec madame Gorjean...

MADAME RICHEBOURG.

Née princesse...

LA MARQUISE.

A faire le tour des lacs au Bois ?

MADAME RICHEBOURG.

Vous voyez que vous ne m'en devez pas beaucoup
de gré : je suis condamnée aux plaisirs forcés.

LA MARQUISE.

Et nous sommes vos compagnes de chaine.

MADAME RICHEBOURG.

Il me refuse les compagnons.

LA MARQUISE.

Pas d'hommes ?

MADAME RICHEBOURG.

Jamais.

LA MARQUISE.

Il est jaloux ?

MADAME RICHEBOURG.

Je le crois.

LA MARQUISE.

Il vous aime donc bien ?

MADAME RICHEBOURG.

Je l'ignore. Ce que je sais, c'est qu'il est mal élevé,
taquin, grossier, égoïste ; irrité de ma naissance qu'il
sait supérieure à la sienne, fier de son intelligence qu'il
croit supérieure à la mienne, gonflé de son mérite, de
son habileté, de son activité, de sa sagacité ; ce que je
sais, c'est que je ne puis plus rester avec ce parvenu,
que je ne veux plus mener cette existence fastueuse et
servile.

LA MARQUISE.

Quoi ! vous séparer ?

MADAME RICHEBOURG.

Oui, me séparer, retourner à ma famille, à ma pau-
vreté, au respect de moi-même.

LA MARQUISE.

Marguerite, vous vous laissez entraîner.

MADAME RICHEBOURG.

Puisque j'ai commencé, je puis tout vous dire.

LA MARQUISE.

Vous exagérez certainement, mon amie.

MADAME RICHEBOURG.

Voyez ; voici le chapeau de mon mari. (Elle prend ce
chapeau déposé sur un meuble.) Figurez-vous que c'est lui
qui rentre. Vous êtes moi et je suis lui.

Madame Richebourg, voulez-vous me permettre
De vous dire en deux mots que je suis votre maître ?
Vous n'aviez pas un sou. Le banquier eut raison
De vos vieux préjugés et de votre blason.
Ma roture vous plut : je vous en ai coiffée :
Elle avait de l'argent : vous en êtes truffée.
J'ai cru que vos parents, vos amis, votre nom
Serviraient mon crédit, mes entreprises ? — Non.
Ma seule intelligence a comblé la lacune,
Et je suis l'artisan de toute ma fortune:
Donc vous me devez tout et je ne vous dois rien.
Il faut que vous serviez à quelque chose : eh bien,
Si votre nom n'est plus, si votre beauté passe,
Il vous reste du moins quelque esprit, quelque grâce.
Ces qualités que nul ne peut vous dénier,

C'est donc à mon profit qu'il les faut employer.
Un financier bon homme et que sa femme mène
Doit offrir pour le moins un dîner par semaine.
Vingt couverts ; députés de toutes les couleurs ;
Beaucoup de généraux, quelques ambassadeurs.
Pendant l'hiver, trois bals et six grandes soirées
Où vous aurez un tas de familles titrées.
Vous prenez les premiers artistes de Paris,
Les plus chers, surtout ceux dont on sait le haut prix.
Tous les jours vous devez montrer mon écurie,
Au Bois, de quatre à sept . Il est bon qu'on s'écrie :
« Diable de Richebourg, a-t-il de beaux chevaux !
Depuis une semaine il en a trois nouveaux ! »
Vous montrez avec vous des personnes bien nées,
(Pas d'hommes) que j'aurai d'avance désignées :
Bonne mise, bon air ! Qu'elles fassent honneur
A ce bon Richebourg qui n'est pas un seigneur,
Mais un simple banquier. Vous promenez sa banque.
Il y manquera tout si quelque chose y manque.
Moi, je suis dans mon trou, mon bureau, mon comptoir.
A ma femme le soin de me faire valoir ;
Sa blanche main me peint, me bichonne, me peigne :

Saluant.

Je suis le cabaret dont vous êtes l'enseigne.

Elle jette le chapeau de son mari sur un meuble.

Que si vous me trouvez un peu vif, pardonnez :
J'ai tout dit et je crois que vous me comprenez.

LA MARQUISE.

Oh ! oui, je vous comprends.

MADAME RICHEBOURG.

Vous savez compâtir au malheur des autres, vous
qui êtes si heureuse en ménage ?

LA MARQUISE, soupirant.

Eh, oui.

MADAME RICHEBOURG.

Vous qui avez un mari distingué, élégant, aimable,
spirituel...

LA MARQUISE.

Allez.

MADAME RICHEBOURG.

Poli, délicat...

LA MARQUISE.

Allez toujours.

MADAME RICHEBOURG.

Qui vous a donné ce titre magnifique, marquise de
Puycertain, quand Richebourg s'est substitué à mon
nom patronymique.

LA MARQUISE.

Toujours, toujours.

MADAME RICHEBOURG.

Vous lui avez apporté une fortune considérable qui
lui a permis de restaurer ses armoiries; mais il vous
a donné sa vieille noblesse, ses grandes propriétés, ses
hautes relations, son humeur enjouée, ses façons dé-
gagées, son caractère chevaleresque, car vous ne nierez
pas qu'il soit charmant, qu'il plaise à toutes les
femmes.

LA MARQUISE.

Modérons cet enthousiasme. Je veux, mon amie,
imiter votre exemple. Prêtez-moi le chapeau de votre

mari. Il ressemble beaucoup au nôtre. Maintenant c’est vous qui êtes moi, et moi qui suis le marquis.

*Elle fait quelques pas, le chapeau de M. Richebourg sur la tête. Elle se découvre en commençant les vers, et tient le chapeau à la main.*

Je vais, madame la marquise,
Une fois m’expliquer tout net
Avec la politesse exquise
Que le monde me reconnaît.
Lorsque vous devîntes ma femme,
Je n’avais rien, je le proclame,
Et vous aviez un million...
Un seul. Par compensation
Je vous ai faite grande dame.
Voyez la situation :
Je vous aime, je vous adore :
Mais je le dis ingénument :
Si votre million me dore,
Il me dore... insuffisamment.
J’avais des terres en détresse
Et des créanciers aux abois :
Mes champs n’ont pas assez de graisse
Et mes châteaux manquent de toits.
On n’a pas toujours été sage
Et lequel d’entre nous, mon Dieu,
Ne s’est laissé prendre au passage
Par les femmes et par le jeu?...
Puis votre prudente famille
(Qui dans la cotonnade brille)
A retiré la gestion
Du pauvre petit million
A son gendre et même à sa fille.
Le régime nommé dotal
Vous assigne à vous sans partage

L'intégrité du capital,
Mais sans vous en laisser l'usage.
Oui, grâce à ce contrat fatal,
Votre petite dot est telle,
Telle que si nous la voyions
Dans la caisse que l'on appelle
*Dépôts et consignations*,
Personne, personne n'y touche.
Cela vous met l'eau dans la bouche.
C'est un Terme immobilisé,
Divinisé, crétinisé,
C'est le million du miracle :
Comme un vase, un vase sacré,
On peut le donner en spectacle
A l'indigent, à l'altéré.
Et puis, anomalie étrange,
Moi seul ai tout le revenu :
Cinquante mille francs, mon ange ;
C'est bien chétif et bien menu
Pour moi qui n'ai jamais rien eu.
Moi, le plus généreux des hommes,
Qui voudrais te donner des sommes
A défrayer des fils de rois,
J'en suis réduit, triste apanage,
A t'allouer pour ton ménage
Cinq cents francs, cinq cents francs par mois !
Six mille de cinquante mille,
Que reste-t-il au quotient ?
Quarante-quatre, c'est facile,
Quarante-quatre, le néant.
C'est au plus mon argent de poche,
Tout au plus encore, pourvu
Qu'il n'arrive pas d'anicroche,
De perte au jeu ni d'imprévu.
Toi, mon enfant, mange, gaspille

Tes cinq cents frants et cætera :
Tu peux compter sur ta famille
(Qui dans la cotonnade brille) :
Ta famille t'entretiendra.
A la rigueur tu pourrais même
Tirer de là quelques gros sous
En faveur d'un mari qui t'aime
Et qui se ruine pour... nous.
Et moi, quelle affreuse sottise !
Quelle amère dérision !
Avoir fait (il faut qu'on le dise)
Une bonnetière marquise
Pour un seul, un seul million !
Et pour quel million encore ?
Un rêve, un souffle, un feu follet !
Chère marquise, je t'adore ;
Mais... la charité s'il vous plaît !

> Elle jette le chapeau et se met aux genoux de madame Richebourg.

MADAME RICHEBOURG.

Vous aussi ! Alors, toutes, toutes ? Il n'est pas au monde une femme qui, à un moment donné, n'ait songé à se séparer de son mari ?

LE MARQUIS.

Pas une ! et pourtant je l'aime.

MADAME RICHEBOURG.

Pas une, pas une !

# SCÈNE III

Les Mêmes, JOSEPH, MADAME GORJEAN.

JOSEPH, annonçant.

Madame Gorjean, née princesse de Romanesco.

LA MARQUISE.

Si fait, il y en a une.

MADAME RICHEBOURG.

Voilà l'exception qui confirme la règle.

MADAME GORJEAN, à madame Richebourg.

Je prierai vos gens de supprimer à l'avenir ce vilain nom de Gorjean et de m'appeler la princesse Atalante de Romanesco tout court.

MADAME RICHEBOURG.

Comment ?

MADAME GORJEAN.

Je me sépare de mon mari.

LA MARQUISE.

Un procès ?

MADAME GORJEAN.

Non. Je le quitte, il me quitte, nous nous quittons.

MADAME RICHEBOURG.

Amicalement ?

MADAME GORJEAN.

Je voudrais pouvoir représenter la scène qui vient de
se passer entre moi et ce malotru. Il entre, le chapeau
sur la tête. (Madame Richebourg lui présente le chapeau de
son mari.) Vous avez donc son chapeau?

LA MARQUISE.

Tous les chapeaux d'homme se ressemblent.

MADAME GORJEAN, ôtant son chapeau pour coiffer celui de
M. Richebourg. Elle prend l'accent marseillais.

J'étais votre intendant, madame la princesse,
Et vous m'avez aimé. Vous me disiez sans cesse :
« Dès que j'aurai perdu mon époux adoré,
Foi de Romanesco, je vous épouserai. »

JOSEPH.

La calèche de madame est attelée.

MADAME RICHEBOURG, à madame Gorjean.

Vous pourrez nous raconter le reste en voiture.

LA MARQUISE, à madame Gorjean.

Depuis vingt minutes nous vous attendons pour la
promenade.

MADAME GORJEAN.

Soit, vous saurez tout ; vous en apprendrez de
belles.

Les trois dames se repassent le chapeau de M. Richebourg
et reprennent leurs propres chapeaux.

LA MARQUISE.

Le grand air purifie tout.

MADAME RICHEBOURG, à madame Gorjean et à la marquise qui font des cérémonies pour sortir par la porte du fond.

Allons, mesdames, par rang d'âge. (Elles attendent toutes les deux.) La plus jeune devant. (Elles se précipitent toutes les deux et sortent en même temps. Madame Richebourg revenant sur la scène dit au public.) Je crois décidément que le plus grand tort de nos maris est d'être notre mari.

Elle sort par le fond.

FIN DES MAL-MARIÉES

# PERSONNELLE

MONOLOGUE

# PERSONNAGE

MARGUERITE DE C..., 20 ans.

# PERSONNELLE



## MARGUERITE.

*Elle entre tenant dans la main une grande lettre cachetée.*

J'ai reçu une lettre, une belle lettre, une grande lettre. Je n'ose pas l'ouvrir. Elle est pourtant à mon adresse : « Mademoiselle Marguerite de C..., rue du Cirque, 14. » Il n'y a pas *chez ses parents*. La lettre est donc pour moi seule, avec d'autant plus de raison qu'on a écrit sur l'enveloppe en grosses lettres : PERSONNELLE. Le concierge me l'a remise mystérieusement. Pas de timbre, pas d'estampille. Qui donc l'a apportée ? Un beau domestique, une sorte de suisse ou d'huissier. Cette lettre est bien pour moi, pour moi seule. D'où vient que je n'ose pas l'ouvrir ? De qui peut-elle être ? Je ne connais pas cette écriture. Est-elle de Geneviève, de Constance, d'Aglaé ?

Si elle est de Geneviève, elle doit dire : « Mercredi » — Pas de date, elle n'en met jamais. — « Tu sais que nos amies Ernestine et Juliette viennent demain. Nous faisons nos confitures de fraises, tout ce qu'il y a de plus difficile. Pas de confitures sans toi. »

Mais ce n'est pas l'écriture de Geneviève.

Si c'est Constance, elle doit dire : « Impossible d'aller chez toi, petite Pâquerette, ma tante, toujours patraque, me retient à domicile. »

Mais ce n'est pas l'écriture de Constance.

Si c'est d'Aglaé, elle doit dire :

« Demain, dès que l'aurore, avec sa phrase ancienne,
Aura de l'orient entr'ouvert la persienne,

A cheval, mesdemoiselles, à cheval! Graziella et sa maîtresse seront à ta porte. »

Mais non, ce n'est pas d'Aglaé. De Blanche peut-être? Alors elle dit :

« J'ai composé une nouvelle valse, — Encore ! — que je te dédie. — Toujours! — Viens donc l'essayer à quatre mains et la danser à quatre pieds. »

Non, ce n'est pas de Blanche. J'y suis maintenant. Comment ne l'ai-je pas trouvé plus tôt? La lettre n'a pas de timbre. Elle vient de la maison. Oui, c'est cette pauvre jeune fille qui demeure là-haut avec son père. Elle m'apprend ce que je sais fort bien :

« Chère mademoiselle Marguerite, ce qu'on n'ose pas dire, on l'écrit. Dans la maison que nous habitons toutes les deux, vous avec vos parents et moi avec mon père, demeure aussi un homme fort distingué que je n'ose pas déclarer vieux, puisque dans quinze jours je serai sa femme. Je sais qu'il avait osé lever les yeux vers vous ; mais comme il a trente-deux ans de plus que moi qui en ai quatre de plus que

vous, il a été très-mal reçu au premier. Il s'est alors
rabattu sur le quatrième étage qui a toutes sortes de
raisons d'être moins difficile. Il est riche; il est baron;
il paraît qu'il a été très-brillant autrefois; et je l'épouse.
Oui, mademoiselle, j'ai craint votre esprit narquois
et je n'ai pas osé vous en parler. Je sais bien que je
serai la fable du quartier. Mais vous avouerez qu'on
peut bien se contenter des restes de Marguerite de C... »

Mais où vais-je trouver de pareilles imaginations?
Cette lettre n'est ni de Geneviève, ni de Blanche, ni
de Constance, ni des autres. Qui m'assure même que
ce soit une lettre de femme? Le parfum? Pas de parfum. C'est d'un homme. Et quel est celui qui oserait
m'écrire avec cette suscription : PERSONNELLE?
Je vais porter la lettre à maman. Elle sent le tabac.
J'y suis : elle est de mon petit cousin Isidore. Il m'écrit
toujours en vers. Il a dix-huit ans et il est poëte,
pauvre garçon!

Il doit me dire :

> C'est votre cousin Isidore
> Qui vous appelle à son secours.
> Il vient vous répéter encore
> Qu'il vous aime toujours, toujours.
> Il vous demande en mariage
> Tous les ans, quand vient le printemps...
> Vous lui répondez par son âge.
> Mais dans vingt mois, j'aurai vingt ans.
> Songez, cousine Marguerite,
> Que mon soleil est dans vos yeux,
> Et qu'il me fait pousser si vite
> Que dans vingt mois je serai vieux.
> D'ailleurs, une sorcière errante
> Dès notre enfance nous prévint

Que le jour où j'atteindrai trente
Vous serez revenue à vingt,
Puis on prétend qu'il se prépare
Non loin d'ici, tout près de vous,
Un hyménée assez bizarre
Qui ne fera pas de jaloux.
S'il est vrai que votre voisine
Se marie avec son voisin,
Il est certain qu'une cousine
A le droit d'aimer son cousin.

Ah! que je suis folle! C'est simple comme bonjour. J'y suis, j'y suis! Cette lettre, cette belle lettre, cette fameuse lettre est tout bonnement un prospectus du Louvre ou du Bon-Marché. Maintenant je puis l'ouvrir sans appréhension. (Après avoir ouvert la lettre. — Elle lit.) « La présidente de l'Œuvre... »

Ah! mon Dieu! Pauvres gens! Une famille indigente que je devais secourir et que j'ai oubliée! Vite, mon chapeau! Je vais supposer tout, excepté la seule chose qui devait me tenir au cœur. Ah! malheureuse! ah! malheureux! Mon Dieu, pardonnez-moi : je vous promets qu'ils ne perdront pas pour avoir attendu.

FIN DE PERSONNELLE

# AU BORD DU LAC

SAYNÈTE

## PERSONNAGES

BISCUIT.
LANGUILLE.
UN GARÇON D'HOTEL.
Mme LANGUILLE, (dans la coulisse.)

# AU BORD DU LAC

La scène est dans un hôtel de Genève.

---

## SCÈNE PREMIÈRE

### BISCUIT, LE GARÇON.

LE GARÇON, il entre, portant d'une main la valise de Biscuit, de l'autre une bougie allumée.

Voilà, monsieur, la plus belle chambre [de l'hôtel, au premier, la vue du Lac. C'est du reste la seule qui soit disponible.

BISCUIT.

C'est bien, je la prends.

LE GARÇON.

Dix francs par jour, deux francs de service, un franc par bougie.

BISCUIT.

C'est bien ; n'en allumez qu'une.

LE GARÇON, *allumant deux bougies.*

Déjeuner à dix heures et demie, dîner à six heures, trois francs cinquante et six francs, vin non compris.

BISCUIT, *soufflant une bougie. Ce jeu peut se renouveler plusieurs fois.*

Bien, bien.

LE GARÇON.

Monsieur n'a plus besoin de rien ?

BISCUIT.

Si, j'ai besoin d'être seul...

LE GARÇON.

Monsieur est-il fumeur ?

BISCUIT.

Et vous ?

LE GARÇON.

Moi, monsieur, je vends des cigares.

BISCUIT.

Sont-ils bons ?

LE GARÇON.

Oh ! monsieur, excellents.

BISCUIT.

Eh bien, fumez-les. Quelles sont ces deux portes à droite et à gauche ?

LE GARÇON.

Les chambres voisines qui communiquent ou ne communiquent pas avec celle de monsieur. Les verrous sont du côté de monsieur.

BISCUIT.

Très-bien. Je suis maître de la situation.

LE GARÇON.

A votre service, monsieur.

Il sort en faisant à Biscuit un pied de nez.


## SCÈNE II

BISCUIT, seul.


Enfin je puis m'abandonner à la douceur de mes rê-
veries. O lac de Genève, c'est à toi que je devrai les
plus douces émotions de ma vie. Celle que j'ai cher-
chée si longtemps, cette fugitive apparition que je
poursuis depuis mon enfance, c'est sur tes flots limpides
que je devais la rencontrer, voguant comme
Vénus sur un bateau à vapeur remorqué par des co-
lombes.

Il chante :

Air : du *Lac de Niedermeyer*.

Ainsi toujours poussés vers de nouveaux rivages,
Dans la nuit éternelle emportés sans retour...

Que je n'oublie pas de remonter ma montre !

Ne pourrons-nous jamais sur l'océan des âges,
Ne pourrons-nous jamais jeter l'ancre un seul jour?

Tiens, j'ai fait une tache à ma redingote.

O lac, l'année à peine a fini sa carrière.
Et, près des flots chéris qu'elle devait revoir,
Regarde...

Le fait est que c'est beau le lac au clair de lune.
Tout est harmonie dans la nature.

LE GARÇON, dans la coulisse à droite.

Voilà, monsieur, la plus belle chambre de l'hôtel,
au premier, la vue du Lac, la seule disponible...

BISCUIT.

Ah! ah! il chante aussi sa chanson, celui-là. La
sienne a un refrain.

Il chante.

Air de *Larifla*.

C'est un état bien triste
Que celui d'aubergiste,
Lorsque les voyageurs
Vont se loger ailleurs.

J'ai perdu sa piste; mais elle doit être à Genève. Je
respire l'air qu'elle respire. O ma belle inconnue, je
vais rêver de vous. Où donc est mon bonnet de coton?
Le voici. O bonheur! Elle était là, aussi, regardant
les franges d'argent qui couraient se perdre dans l'a-
zur intense des eaux, et moi, intérieurement.

Il chante :

Air des *Huguenots*.

Je lui disais : Bel ange,
Reine des amours,
Beauté du ciel, je t'aimerai toujours.

LANGUILLE, de la chambre voisine à droite.

Dites donc, monsieur, est-ce que cela va durer longtemps ?

BISCUIT, continuant de chanter.

Toujours.

LANGUILLE.

Il est minuit.

BISCUIT, même jeu.

Toujours.

LANGUILLE.

C'est insupportable.

Il chante.

Air des *Cloches de Corneville*.

Je regardais en l'air.

BISCUIT.

Dites donc, voisin ?

LANGUILLE.

Hein ?

BISCUIT.

Vous avez une belle voix.

LANGUILLE.

Je me le suis laissé dire.

BISCUIT.

Chantez-vous le duo de *Guillaume Tell* ?

LANGUILLE.

Non, monsieur.

BISCUIT.

Quel est votre genre ?

LANGUILLE.

Pas le vôtre.

BISCUIT.

Oh ! ce n'est pas poli.

LANGUILLE.

Tel est mon caractère.

BISCUIT.

Bonsoir, monsieur.

LANGUILLE.

Bonsoir.

BISCUIT.

Dormez bien.

LANGUILLE.

Merci.

BISCUIT, à voix basse.

Bonsoir, bonsoir, mon adorée.

Il chante.

Air de la *Muette de Portici.*

Du pauvre seul ami fidèle,
Descends à ma voix qui t'appelle.
Sommeil, sommeil...

LANGUILLE.

Mais, sapristi ! monsieur, c'est donc une infirmité ?

BISCUIT.

Incurable, monsieur, incurable.

LANGUILLE.

Vous êtes résolu à chanter toute la nuit ?

BISCUIT.

Parfaitement résolu.

LANGUILLE.

Eh bien, attendez-moi, nous chanterons ensemble.

BISCUIT.

Ce sera un véritable honneur pour moi. Attendez un moment que je m'ajuste pour vous recevoir convenablement.

LANGUILLE.

La porte est fermée de votre côté.

BISCUIT, récitatif à volonté.

J'arrive, je m'empresse,
Je vais avoir l'honneur d'ouvrir à Votre Altesse.

Il ouvre à droite.


# SCÈNE III

BISCUIT, LANGUILLE, en bonnet de coton et le bougeoir à la main.


ENSEMBLE.

Air : Duo des *Amours passées*. (NADAUD.)

Causons de nos amours passées,
C'est le souvenir
Qui vient rajeunir
Les empreintes presque effacées,
Causons de nos amours passées.

BISCUIT.

Monsieur, donnez-vous la peine de vous asseoir.

LANGUILLE.

Monsieur, vous chantez ; moi aussi je chante, mais je fais plus, je parle.

BISCUIT.

Ne vous gênez pas.

LANGUILLE.

Monsieur, vous ne m'inspirez pas la moindre confiance; aussi éprouvé-je le besoin de vous raconter mon histoire. Je vous préviens que ce sera long.

BISCUIT, récitatif.

Pour les mêmes raisons et bien d'autres encore,
Je veux avoir fini 'a mienne avant l'aurore.

LANGUILLE.

Commencez donc, monsieur.

BISCUIT.

Non pas ; à vous l'honneur.

LANGUILLE.

Je vous en prie.

BISCUIT.

De grâce !

ENSEMBLE.

BISCUIT.                          LANGUILLE.

Je suis né en 1830.          Je naquis en 1830.

LANGUILLE.

Pardon, je naquis.

BISCUIT.

Pardon, je suis né.

LANGUILLE.

J'entends bien : vous êtes né ; mais moi...

BISCUIT.

Vous naquîtes.

LANGUILLE.

A vous.

BISCUIT.

Je n'en ferai rien.

ENSEMBLE.

Si vous désirez savoir mon nom...

BISCUIT.

Pardon.

LANGUILLE.

Pardon.

BISCUIT.

A vous !

LANGUILLE.

Je n'en ferai rien.

BISCUIT.

Vous y tenez. Je suis Biscuit de Reims.

LANGUILLE.

Biscuit de Reims !

BISCUIT.

Oui.

LANGUILLE.

C'est étonnant. Quant à moi, je suis Languille de
Melun.

BISCUIT.

Languille de Melun ?

LANGUILLE.

Oui.

BISCUIT.

C'est incroyable. Continuez, monsieur.

LANGUILLE.

Après vous.

BISCUIT.

Je n'en ferai rien.

LANGUILLE.

Je vous en prie.

BISCUIT.

De grâce.

ENSEMBLE.

Ma famille qui était une des plus considérables du pays...

BISCUIT.

Pardon.

LANGUILLE.

Pardon.

BISCUIT.

A vous.

LANGUILLE.

Je n'en ferai rien.

BISCUIT.

Ma famille, dis-je...

LANGUILLE.

Qui était une des plus considérables de la ville...

BISCUIT.

Me destina de bonne heure...

LANGUILLE.

Au barreau.

BISCUIT.

Au barreau ?

LANGUILLE.

Oui.

BISCUIT.

C'est étonnant.

LANGUILLE.

Je vous disais donc que ma famille...

BISCUIT.

Qui était une des plus considérables de la ville me destina de bonne heure au commerce.

LANGUILLE.

Au commerce ?

BISCUIT.

Oui.

LANGUILLE.

C'est incroyable !

BISCUIT.

Eh bien, monsieur, qu'arriva-t-il ?

LANGUILLE.

Que je n'avais aucun goût pour la chicane.

BISCUIT.

Que je ne pouvais pas souffrir les affaires.

ENSEMBLE.

Et qu'au contraire...

LANGUILLE.

J'avais le goût du commerce.

BISCUIT.

Et moi, la vocation du barreau. C'est étonnant !

Il chante.

Air : Trio du *Pré-aux-Clercs*.

Etonnant, étonnant, étonnant, étonnant.

LANGUILLE, continuant l'air.

Incroyable, incroyable, incroyable, incroyable.

BISCUIT.

Monsieur les destinées sont bizarres.

LANGUILLE.

Monsieur, vous avez dit le mot de la situation.

BISCUIT.

Je ne puis vous dire, monsieur, à quel point ma propre histoire m'intéresse !

LANGUILLE.

Le récit de mes impressions personnelles m'émeut toujours profondément.

BISCUIT.

Continuez, je vous en prie.

LANGUILLE.

Après vous, de grâce.

ENSEMBLE, récitatif.

Que faire en cette alternative?

LANGUILLE.

Pardon.

BISCUIT.

Pardon.

LANGUILLE.

A vous.

BISCUIT.

Je n'en ferai rien.

LANGUILLE.

Il fallait prendre un parti.

BISCUIT.

Une grande résolution était imminente.

LANGUILLE.

Je me devais à mes concitoyens.

BISCUIT.

L'humanité me réclamait.

LANGUILLE.

Je me mariai.

BISCUIT.

Vous vous mariâtes?

LANGUILLE.

Oui, monsieur.

11.

BISCUIT, chantant comme plus haut.

Etonnant, étonnant, étonnant, étonnant !
Ainsi, monsieur, vous êtes marié ?

LANGUILLE, récitatif.

Oui, monsieur, je le suis.

BISCUIT.

Ah ! que vous êtes heureux !

LANGUILLE.

Comment dites-vous cela ?

BISCUIT.

Je dis : (Chantant.) Ah ! que vous êtes heureux !

LANGUILLE.

Mais pas tant que cela.

BISCUIT.

Hélas ! combien j'envie votre sort !

LANGUILLE.

Ne l'enviez pas, monsieur : depuis ce temps je n'ai
pas connu le repos.

BISCUIT, chantonnant.

Etonnant !

LANGUILLE.

Le jour, la nuit, l'été, l'hiver, je passe ma vie à
voyager pour fuir ma femme.

BISCUIT.

Moi qui passe ma vie à voyager pour en trouver
une !

LANGUILLE.

Comme cela se trouve !

BISCUIT.

Mais non, précisément, cela ne se trouve pas.

LANGUILLE.

Hé quoi ! mon pauvre ami, vous voulez trouver une femme ?

BISCUIT.

Moi, j'en brûle, j'en sèche.

Chantant.

Air : Refrain des *Conspirateurs* de la *Fille de madame Angot*.

Oui, blonde ou brune,
Il m'en faut une,
Il me la faut.
Bientôt, bientôt
Digne d'estime
Et légitime,
Bientôt, bientôt
Il me la faut.

LANGUILLE.

Que ne puis-je vous donner la mienne ?

BISCUIT.

Elle est donc bien disgraciée ?

LANGUILLE.

Disgraciée, ma femme ! Elle est le chef-d'œuvre de la création.

BISCUIT.

Que dites-vous ?

LANGUILLE, récitatif interrompu par les interjections de Biscuit.

Figurez-vous des yeux troussés à la chinoise,
Un front aussi poli qu'une table d'ardoise,
Des cheveux dont pas un ne connaît la longueur ;
Puis une bouche, un nez, des oreilles, un cœur !...

BISCUIT.

Assez, assez !

LANGUILLE.

Joignez à cela un caractère d'une douceur, un esprit d'une vivacité...

BISCUIT.

Trop, trop !

LANGUILLE.

Vous comprenez maintenant toute l'étendue de mon malheur.

BISCUIT.

Mais non, je ne puis comprendre...

LANGUILLE.

Quoi ? Ne voyez-vous pas qu'elle m'aime trop ?

BISCUIT.

Grand Dieu ! que me dites-vous là !

LANGUILLE, chantant.

Air : *Un mari malheureux.* (NADAUD.)

Car si ma femme enfin
Etait comme les autres,
Si j'avais le destin
De tant de bons apôtres,
J'aurais pour avocats

Ses torts et ses caprices ;
Mais quelle femme, hélas !
Elle n'a pas de vices.
Monsieur, qu'en dites-vous?
Qu'en dites-vous, madame ?
Ah ! plaignez un époux
Adoré de sa femme !

Si son ardeur du moins
Etait plus raisonnable...
Mais des plus tendres soins
Sans cesse elle m'accable.
Sa vie est toute en moi :
Je ne suis plus mon maître.
Je crois presque, ma foi,
Que j'aimerais mieux être...
Monsieur, qu'en dites-vous ?
Qu'en dites-vous, madame ?
Ah! plaignez un époux
Adoré de sa femme!

BISCUIT.

Eh bien, je ne vous plains pas.

LANGUILLE.

Ne voyez-vous pas que je suis la dupe de ses charmes,
l'esclave de sa vertu, la victime de son amour? Elle ne
me quitte pas plus que mon ombre. Je veux prendre
un chemin de fer, je la trouve dans le tramway qui
me conduit à la gare, dans le wagon où je me réfugie;
je m'élance sur un bateau à vapeur, je la rencontre sur
la berge, sur le pont, dans la cabine. Un jour, je me
décide à monter en ballon. Je m'élève à cinq mille
mètres au-dessus de mon épouse. Qu'arrive-t-il? La
machine se détraque, je prends le parachute. Je des-

cends plus vite que je n'étais monté, et je tombe où ?
Dans les bras de ma femme qui m'avait suivi avec un
télescope et qui me reçoit sur son sein.

BISCUIT.

Étonnant !

LANGUILLE.

Ce n'est pas tout.

BISCUIT.

Mais, monsieur, que direz-vous de moi ? J'aime
toutes les femmes et je les poursuis dans les quatre ou
cinq parties du monde. J'en demande une riche ; elle
me refuse parce que je suis pauvre. J'en demande une
pauvre, elle me repousse sous prétexte que je suis riche.
J'en obtiens une enfin. Elle se rappelle à temps qu'elle
a un petit cousin qui me la souffle. Je remonte le cours
des temps. Je recherche la veuve et les deux enfants
d'un capitaine de vaisseau mort en lointain pays au
service de l'Etat. On publie les bans. Le capitaine res-
suscite et vient réclamer ma future en prétendant qu'on
a annoncé à tort son décès. Enfin je pousse jusqu'à
une vieille fille ornée d'une infinité de vertus et de
printemps. La joie étouffe la pauvre enfant et elle meurt
la veille de ses noces.

LANGUILLE.

C'est incroyable !

BISCUIT.

Ce n'est pas tout...

LANGUILLE.

Enfin, je suis au bout de mes infortunes. Je vais
avoir un jour de tranquillité.

BISCUIT.

J'espère, j'espère, j'espère qu'une nouvelle aurore...

LANGUILLE.

Figurez-vous que, ce matin, fuyant toujours ma femme qui m'avait suivi à Neufchâtel, à Berne, à Fribourg, à Lausanne et ailleurs, j'arrive à Vevey. Vous connaissez Vevey?

BISCUIT.

Ah !

LANGUILLE.

Naturellement, je vais prendre le bateau ; mais instruit par une longue et triste expérience, je marchais à tâtons pour ne pas mettre le pied sur un serpent. Devinez qui je rencontre sur le bateau? Attendez : vous croyez que c'est ma femme? Eh bien vous y êtes. C'était elle, plus belle, plus amoureuse que jamais. Une idée sublime me traverse le cerveau. Le bateau allait partir. Le dernier passager avait franchi la passerelle qui relie le navire à la terre ferme. Le capitaine donnait le signal... Je n'hésite pas. Au moment où on relève la planche, je saute du bateau sur la berge. La machine marchait ; elle emporte l'esquif et mon épouse éplorée qui agite de loin son mouchoir en me disant adieu.

BISCUIT.

Incroyable ! Et moi, monsieur, savez-vous ce qui m'est arrivé aujourd'hui? Non, vous ne le savez pas. Ah! je renais à la vie. J'étais aussi à Vevey. Je venais de visiter Chillon et de manquer un mariage à Villeneuve. J'allais demander l'hospitalité aux cœurs gene-

vois et j'étais assis tristement à l'arrière du bateau
quand je vois de l'autre côté une femme qui semblait
aussi plongée dans de mélancoliques réflexions.

Figurez-vous des yeux troussés à la chinoise.

LANGUILLE.

Mais...

BISCUIT.

Un front aussi poli qu'une table d'ardoise.

LANGUILLE.

Mais c'est elle-même.

BISCUIT.

Des cheveux dont...

LANGUILLE.

Mais c'est ma femme, ma propre femme.

BISCUIT.

J'osai m'approcher d'elle.

Air : des Deux gendarmes.

Je lui dis d'une voix émue :
« Rien n'est plus beau dans l'univers
Que cette eau qui toujours remue
Et que ces sapins toujours verts.
Regardez la neige éternelle
Qu'on ne voit pas à l'horizon.
— Ah ! monsieur, me répondit-elle,
Ah ! monsieur, vous avez raison. »

LANGUILLE.

C'est elle, c'est elle, c'est elle !

BISCUIT.

Un pareil aveu fait sur un bateau, en plein jour, en

face de montagnes qui remontent à la plus haute an-
tiquité me remplit de joie. Aussi faut-il que je re-
trouve mon inconnue.

LANGUILLE.

Vous l'avez donc perdue ?

BISCUIT.

Hélas ! oui, comme une ombre ; mais je la retrou-
verai.

LANGUILLE.

M'ayant perdu, elle se sera arrêtée en route, et moi
je suis venu droit à Genève par le bateau suivant.

BISCUIT.

Je l'attendrai, je l'attendrai !

LANGUILLE.

Vous l'aimez donc bien ?

BISCUIT.

Si je l'aime !

LANGUILLE.

Eh bien, prenez-la.

BISCUIT.

Vous me la donnez ?

LANGUILLE.

Oui, puisqu'elle est ma femme.

BISCUIT.

Mais je ne peux pas l'épouser.

LANGUILLE.

Pourquoi ?

BISCUIT.

Précisément parce qu'elle est votre femme.

LANGUILLE.

Ah ! c'est vrai ; je n'y pensais plus. Ainsi, il n'y faut
plus penser, hélas !

BISCUIT.

Il y aurait bien un moyen.

LANGUILLE.

Lequel ?

BISCUIT.

Je n'ose.

LANGUILLE.

Ah ! oui, le divorce. Mais je suis marié en France.
Elle aussi.

BISCUIT.

Il y en aurait bien un autre.

LANGUILLE.

Lequel ?

BISCUIT.

Je n'ose.

LANGUILLE.

Parlez.

BISCUIT.

C'est qu'elle soit veuve.

LANGUILLE.

C'est juste ; voilà une idée ; mais comment la rendre
veuve ?

BISCUIT.

Je n'ose.

LANGUILLE.

Elle ne peut être veuve tant que je vivrai.

BISCUIT.

Oui ; mais après... Je n'ose...

LANGUILLE, s'éloignant de Biscuit.

Oh ! mais, oh ! mais!

## ENSEMBLE.

| LANGUILLE. | BISCUIT. |
|---|---|
| O péril extrême ! | O délire extrême ! |
| A ce point il l'aime | A ce point je l'aime |
| Que d'un grand malheur | Que d'un grand malheur |
| Il pourrait devenir l'auteur. | Je pourrais devenir l'auteur. |

LE GARÇON, dans la coulisse à gauche.

Voilà, monsieur... c'est-à-dire madame, la plus belle chambre de l'hôtel, la vue du lac.

MADAME LANGUILLE, très-fort dans la coulisse.

L'avez-vous vu ? L'avez-vous vu ?

LE GARÇON.

Le lac ?

MADAME LANGUILLE.

Est-il ici, est-il ici ?

BISCUIT.

Est-ce elle ?

LANGUILLE.

C'est elle !

LE GARÇON.

Mais qui, mais qui, mais quoi ?

MADAME LANGUILLE.

L'homme que j'aime, le chef-d'œuvre de la création,
Apollon, Adonis !...

Languille et Biscuit se désignent eux-mêmes.

LE GARÇON.

Nous n'avons pas ça.

Réclamations muettes de Languille et de Biscuit.

MADAME LANGUILLE.

N'est-il pas venu un voyageur ?

LE GARÇON.

Il en est venu deux.

MADAME LANGUILLE.

Dont un beau, superbe, distingué ?

LE GARÇON.

Non, madame, ils sont tous deux vieux, laids et
communs.

Languille et Biscuit se désignent réciproquement.

MADAME LANGUILLE, très-fort.

Oscar ! Oscar !

BISCUIT.

Je m'appelle Joseph.

LANGUILLE, après avoir été chercher son bagage dans la
chambre à droite.

Mon ami, sauvez-moi ! Appelez le garçon, deman-

dez-lui mon addition, payez-la. Sauvez-moi, je me
sauve.

Il sort par le fond.

BISCUIT.

O bonheur ! il est parti ! (Allant frapper à la porte à gauche.)
Madame, ouvrez, ouvrez, c'est moi.

MADAME LANGUILLE.

C'est toi, mon adoré ? Oh ! viens dans mes bras!

BISCUIT.

J'y vole ! Ouvrez. Ah ! le verrou est de mon côté.
(Il ouvre, il entre. On entend deux grands cris de madame Languille et de Biscuit. Celui-ci revient tout effaré.) Ce n'est pas
elle ! ce n'est pas elle ! Garçon, l'addition, l'addition !...
La mienne seulement.

Il sort en courant par le fond en emportant son bagage.


FIN D'AU BORD DU LAC

# UN
# MARIAGE POSTHUME

## COMÉDIE

EN UN ACTE, EN PROSE

# PERSONNAGES

DURAND, notaire.
ARTHUR LAROCHE.
LE GÉNÉRAL LETURCQ.
Mme Veuve BELLEGARDE.
ANTOINE,⎫
JUSTINE, ⎭ domestiques de Durand.

La scène dans le salon de Durand.

U N

# MARIAGE POSTHUME

---

### SCÈNE PREMIÈRE

DURAND, puis ANTOINE et JUSTINE.

DURAND. Il est assis sur un canapé.

Allons, quoi qu'on en dise, il y a encore du bon dans la vie. Le soleil s'est levé joyeux ce matin. Quel beau temps pour ma femme qui est à la campagne ! Je vais, je viens, je me couche, je me lève ; je suis mon maître. Il semble que je sois redevenu garçon et que j'aie cessé d'être notaire.

ANTOINE, chantant

Tra, la, la, la...

DURAND.

Qu'est-ce, Antoine ? Il me semble que vous me manquez de respect ?

.ANTOINE.

Baste ! Madame n'est pas là.

12

DURAND.

C'est bon. Je vais sortir ; vous disposerez ma toilette dans ma chambre.

ANTOINE.

Habit noir ?

DURAND.

Non. Habit bleu à boutons d'or.

ANTOINE.

Pantalon noir?

DURAND.

Non. Pantalon blanc.

ANTOINE.

Cravate blanche ?

DURAND.

Non ! Peu m'importe la couleur, pourvu qu'elle ne soit pas blanche. Allez.

ANTOINE.

C'est bien, monsieur. Tra, la, la la.

Il sort.

DURAND.

Enfin, je vais donc dépouiller pour un jour cette défroque immuable qui sent l'étude, le papier timbré, le contrat, le mariage, l'enterrement !...

JUSTINE, elle entre en chantant.

Tra, la, la, la...

DURAND.

Justine, je dîne en ville.

JUSTINE.

Chez qui ?

DURAND.

Je vous dis que je dîne en ville.

JUSTINE.

Ah ! tant mieux, tant mieux !

DURAND.

Que signifie ce tant mieux ?

JUSTINE.

Ah ! monsieur, je vais vous dire : j'ai un frère qui est arrivé, et si monsieur voulait me permettre de sortir ce soir... ?

DURAND.

Justine, combien avez-vous de frères ?

JUSTINE.

Monsieur sait bien que j'en ai trois du premier lit, quatre du second et...

DURAND.

C'est bien, c'est bien. Mais il me semble que vous sortez bien souvent ?

JUSTINE.

Madame est à la campagne. (Après un moment de silence.) A quelle heure monsieur rentrera-t-il ?

DURAND.

Je n'en sais rien.

JUSTINE.

Si monsieur voulait prendre une clef ?

DURAND.

Ah ! je comprends : vous garderiez l'autre ?

JUSTINE.

Pour le cas où je rentrerais avant monsieur.

DURAND.

Très-bien. Allez me chercher ma clef.

JUSTINE, la tirant de sa poche.

La voici.

DURAND.

Et l'autre ?

JUSTINE, même jeu.

La voilà.

DURAND.

Ah ! vous pourrez sortir à cinq heures.

JUSTINE.

Merci, monsieur. Tra, la, la, la.

Elle sort.

ANTOINE, rentrant.

Monsieur, tout est prêt, l'habit bleu, le pantalon blanc et une cravate jaune que monsieur n'a jamais mise. Est-ce que monsieur aura besoin de moi, ce soir ?

DURAND.

Pourquoi ?

ANTOINE.

Parce que j'ai un parent qui est arrivé et qui compte sur moi pour le guider dans la capitale.

DURAND.

Quel est ce parent ?

ANTOINE.

Un cousin.

DURAND.

Son nom ?

ANTOINE.

Son nom ? Eh ! parbleu ! c'est... C'est son nom que monsieur veut savoir ?

DURAND.

Oui.

ANTOINE.

C'est mon cousin Jean Louis. Est-ce que je pourrai prendre la seconde clef ?

DURAND.

C'est Justine qui l'a.

ANTOINE.

C'est bien, monsieur, je m'entendrai avec elle. Tra, la, la, la.

DURAND.

Eh bien, il n'est pas plus difficile de faire des heureux. Et maintenant, songeons à moi. Que vais-je faire ? Me voici déjà embarrassé de ma liberté. Dix heures. Comment vais-je employer mon temps ?

ANTOINE.

A propos, monsieur, il y a un client qui attend dans l'étude.

DURAND.

Peste soit du client.

ANTOINE.

Il est là depuis huit heures.

DURAND.

Je suis occupé.

ANTOINE.

Tiens, voici M. Arthur.

Il sort.

## SCÈNE II

## DURAND, ARTHUR.

DURAND.

Arthur ! Ah ! pour le coup, tu arrives à propos. Que je t'embrasse ! Figure-toi que je suis garçon. Ma femme est à la campagne, chez sa mère. Huit jours de vacances. Nous les passons ensemble, n'est-ce pas ? Tu descends chez moi ; nous ne nous quittons pas ; nous faisons des extravagances. Sais-tu qu'il y a un an que je ne t'ai vu ? Eh bien, tu ne me réponds pas ?

ARTHUR, gravement.

Tu me sembles bien gai, toi qui es ordinairement si sérieux.

DURAND.

Qu'est-ce à dire ? Tu me sembles bien sérieux, toi

que j'ai toujours connu si gai ? Ah ! je comprends ; tu arrives encore affamé d'argent. Tu viens nous voir une fois par an pour toucher tes rentes ; puis tu t'en vas Dieu sait où, en Egypte, en Amérique, en Chine. Tu arrives comme une échéance et tu t'en vas comme une épargne. Eh bien, tu n'as qu'à parler : ton argent est prêt.

ARTHUR.

Non, mon ami. Je renonce aux voyages. J'ai tout vu ; j'ai abusé des montagnes et de la mer : c'est toujours la même chose. J'ai connu les femmes de tous les pays : elles ressemblent à la mer et aux montagnes.

DURAND.

Arthur, tu m'effraies. Toi, l'homme léger par nature, par principes, l'homme sans habitudes, sans lien, sans domicile, qui n'as jamais su se trouver à un rendez-vous ni remonter ta montre à heure fixe...

ARTHUR.

Oh ! mon cher, j'ai bien changé. J'ai fait de sérieuses réflexions ; je suis devenu un homme positif.

DURAND.

Toi ?

ARTHUR.

Oui, moi. Je veux quitter cette vie nomade, avoir un chez moi, devenir un citoyen paisible et sédentaire, régler l'heure et la durée de mes repas, payer mes contributions de toutes sortes voter aux élections, illuminer mon balcon dans les fêtes publiques, avoir crédit chez mon épicier ; enfin je veux, je veux me marier.

DURAND.

Allons ! Encore un coup de tête !...

ARTHUR.

Un coup de tête ! Depuis huit jours je n'ai pensé qu'à cela. C'est une idée que j'ai mûrie.

DURAND.

Ainsi, c'est résolu : tu veux te marier.

ARTHUR.

Oui, mon cher. J'y ai puissamment réfléchi. J'ai fini mon droit ; je n'ai pas de profession. Je suis inoccupé, inactif, je suis libre, sans tracas, sans souci...

DURAND.

Et tu veux te marier.

ARTHUR.

J'ai connu toutes les douceurs de la vie. Je n'ai plus d'illusions. Je ne puis me fixer à rien. Marié, je serai bien forcé de m'attacher à ma femme. D'ailleurs, la vie a des détails pénibles pour moi. Il y a mille incidents, légers en apparence, qui me rendent le plus malheureux des hommes. Je ne sais que devenir quand j'ai des boutons à recoudre. Je ne puis cependant vérifier l'état de mon linge. Mes notes de blanchisseuse me fatiguent. Quand je suis enrhumé, je n'ai personne qui me fasse de la tisane.

DURAND.

Et tu veux te marier.

ARTHUR.

J'ai abusé du célibat. J'ai vingt-cinq ans, et tu dois

voir combien ma raison a pris de maturité. Tous mes
amis sont mariés, toi le premier. Je ne veux pas être
plus longtemps un paria dans la société. Je veux avoir
à côté de moi une femme douce, aimable, gracieuse,
qui surveillera mon ménage, qui préviendra mes désirs...

DURAND.

Et tu veux te marier.

ARTHUR.

Elle sera façonnée à mes goûts, passera sur les petits
défauts que je puis avoir. Je la prendrai jeune pour la
pétrir à ma volonté. Les femmes sont des enfants dont
on fait tout ce qu'on veut quand on les prend à temps.

DURAND.

J'en connais une qui ferait bien ton affaire. Elle demeure au coin de la rue, chez un coiffeur. Elle est de
cire.

ARTHUR.

Mon cher Durand, je regrette de te voir si léger dans
une affaire si grave. Tu me crois toujours l'Arthur de
l'an dernier. Je te le répète, c'est après de profondes
réflexions que j'ai pris mon parti, et ce parti est irrévocable. Tu t'obstines à me croire un enfant. Tu me sup-
poses pareil à ces jeunes gens naïfs qui consentent à
unir leur sort à celui d'une femme charmante, accomplie, idéale : non, mon ami. Que ma femme soit jolie,
spirituelle, il n'en est pas question. Mais il y a un
point sur lequel je suis inébranlable : j'ai dix mille
francs de rentes ; tu le sais ; ils sont déposés chez toi ;
ce n'est pas avoir trop d'ambition que d'en vouloir

trouver quinze. Avec ces vingt-cinq mille francs de rentes, je me suis arrangé un intérieur à faire envie à tous les millionnaires du monde. D'abord, ma femme aura des goûts modestes. Elle n'aimera la toilette que dans des proportions économiques. Par exemple, je lui donnerai un coupé. Je veux tous les jours aller en garçon faire un tour au bois. Elle ne verra que les femmes de mes amis. Aussitôt marié, je romps toutes ses relations pour lui donner les miennes. Je lui alloue cinq cents francs par mois pour son ménage. Le reste me regarde. Tu vois que pour un garçon, j'aligne assez bien les chiffres du budget conjugal.

DURAND.

Et les enfants ?...

ARTHUR.

Les enfants ?... Ah ! je n'y avais pas pensé. Mais j'en aurai un, deux au plus ; et puis ma femme aura bien quelque succession à espérer. Eh bien, maintenant, toi, homme grave, homme marié, quelle objection as-tu à me faire ?

DURAND.

Aucune.

ARTHUR.

Ne t'es-tu pas marié à vingt-cinq ans ?

DURAND.

En effet.

ARTHUR.

N'ai-je pas vingt-cinq ans ?

DURAND.

Sonnés.

ARTHUR.

Crois-tu t'être marié trop jeune?

DURAND.

Non pas.

ARTHUR.

N'es-tu pas heureux ?

DURAND.

Si fait.

ARTHUR.

Tu dois donc m'approuver?

DURAND.

Sans doute.

ARTHUR,

Alors je puis te dire que j'ai fait la demande d'une demoiselle.

DURAND.

Déjà ?

ARTHUR.

Oui, quelques personnes honorables ont bien voulu s'entremettre dans cette affaire. J'ai désigné ton étude pour les renseignements.

DURAND.

Et comment est-elle?

ARTHUR.

Je n'en sais rien.

DURAND.

Tu ne l'as jamais vue?

ARTHUR.

Jamais. Mon cher Durand, regarde-moi bien. Ce que je fais est un mariage de raison, et les personnes sérieuses ne peuvent manquer de m'approuver. Si je connaissais ma future, ses qualités physiques et morales pourraient influer sur ma décision, tandis que, grâce à l'inflexibilité de mon chiffre, je suis bien sûr de mon affaire. Les yeux, l'esprit, le cœur, rien ne pèse dans la balance ; elle a quinze mille francs de rentes, rien de plus et surtout rien de moins. Qu'as-tu à répondre à cela? Suis-je logique? Suis-je concluant? Suis-je mûr?

DURAND.

Tu dépasses toutes mes espérances.

ARTHUR.

A la bonne heure ! A propos, ne sois pas étonné si l'on vient de plusieurs côtés te demander des renseignements sur moi. Je te dirai que j'ai demandé deux demoiselles.

DURAND.

Deux ?

ARTHUR.

Afin que si l'une m'échappe je puisse me rabattre sur l'autre.

DURAND.

Arthur, tu es un grand homme !

ARTHUR.

Je le savais bien qu'un notaire tel que toi finirait
par m'apprécier.

ANTOINE, rentrant.

Monsieur, le client s'impatiente.

DURAND.

Ah ! mon Dieu ! je l'avais oublié. (A Arthur.) Tu
permets ?...

ARTHUR.

Sans doute : j'ai quelques courses à faire. Je dois
une visite aux personnes recommandables qui ont né-
gocié mon bonheur.

DURAND, à Antoine.

Faites entrer.

ARTHUR, à Durand.

A bientôt !

DURAND.

Tu sais que nous dînons ensemble et que nous allons au spectacle ; je me charge des places.

Arthur sort.


# SCÈNE III

## DURAND, LE GÉNÉRAL.

LE GÉNÉRAL.

Le notaire, s'il vous plaît ?

DURAND.

C'est moi, monsieur.

LE GÉNÉRAL.

Vous êtes bien jeune, monsieur : de mon temps on n'était pas notaire avant quarante ans.

DURAND.

Qu'y a-t-il pour votre service?

LE GÉNÉRAL.

Monsieur, je suis le général Leturcq.

DURAND.

Donnez-vous la peine de vous asseoir.

LE GÉNÉRAL.

C'est inutile, monsieur, voilà deux heures que je suis assis dans votre antichambre.

DURAND.

Les affaires...

LE GÉNÉRAL.

Monsieur, je suis le général Leturcq. Je viens vous demander des renseignements sur un jeune homme qui recherche la main de ma fille. Quoique soldat, je suis père. Il s'agit de monsieur... monsieur... (Il consulte son carnet.) Attendez que je consulte mes notes, je n'ai pas la mémoire des noms. Ah ! m'y voici : M. Arthur Laroche. Vous le connaissez ?

DURAND.

Il est mon ami le plus intime.

LE GÉNÉRAL.

Sacrebleu ! monsieur, songez-y ; il y va du bonheur de ma fille. Je ne suis pas disposé à la donner au premier venu. Il me faut les renseignements les plus exacts et les plus circonstanciés. Je veux m'entourer de toutes les précautions imaginables. Ainsi, monsieur, réfléchissez avant de répondre et ne parlez qu'à bon escient. Quelle est la position du jeune homme ?

DURAND.

Deux cent mille.

LE GÉNÉRAL.

En quoi ?

DURAND.

En espèces sonnantes et disponibles le jour du contrat.

LE GÉNÉRAL.

Vous en êtes bien certain ?

DURAND.

La fortune est entre mes mains.

LE GÉNÉRAL.

Sacrebleu ! monsieur, touchez là, ma fille est à votre ami.

DURAND.

Comment ?

LE GÉNÉRAL.

C'est à n'y pas revenir. Je suis le général Leturcq et et quand j'ai dit oui, il suffit.

DURAND.

Monsieur a servi sous l'empire ?

LE GÉNÉRAL.

Oui, monsieur, à la fin de l'empire. A propos, di-

tes-moi : ce jeune homme est bien ; pas d'infirmités ?
Pas de vices organiques ? Il a le caractère convenable,
les mœurs douces?... Bien, bien. Comment diable est-il
devenu amoureux de ma fille ?

DURAND.

Vous dites ?

LE GÉNÉRAL.

Je dis : comment diable...? Il l'aura rencontrée dans
le monde... assise. Dites-moi donc où je pourrai le
voir ?

DURAND.

Qui ?

LE GÉNÉRAL.

Monsieur... monsieur... mon gendre.

DURAND.

Arthur ? Chez moi.

LE GÉNÉRAL.

Quand ?

DURAND.

Aujourd'hui, demain, tous les jours.

LE GÉNÉRAL.

C'est bien ; je reviendrai aujourd'hui.

DURAND.

Monsieur, je suis votre serviteur.

LE GÉNÉRAL.

Monsieur, retenez bien ceci : Je me nomme le gé-

néral Leturcq et ma fille Emma est à votre ami. Vous
avez ma parole. A bientôt, monsieur, à bientôt.

En sortant le général rencontre madame Bellegarde qu'il salue.


# SCÈNE IV

## DURAND, MADAME BELLEGARDE.

MADAME BELLEGARDE, à la cantonade.

Laissez-moi, je n'ai qu'un mot à lui dire. (A Durand.)
C'est vous qui êtes M. Durand, notaire ? Oui, cela
se voit tout de suite. Je suis bien enchantée de vous
rencontrer. Il s'agit... Donnez-vous donc la peine
de vous asseoir.

DURAND.

Mon Dieu ! madame je suis désolé : des affaires
pressantes...

MADAME BELLEGARDE.

A votre aise, à votre aise, monsieur... je n'ai pas
l'habitude de déranger les gens. Un seul mot.

DURAND.

Parlez, madame.

MADAME BELLEGARDE.

Monsieur, voici toute l'affaire. J'ai une fille, quelle
fille, monsieur ! Certes si je n'étais pas sa mère, j'en
aurais long à dire sur son compte ; mais comme je suis
obligée à la discrétion, je me bornerai à vous dire qu'elle
a toutes les qualités, qu'elle...

DURAND.

Madame, je ne suis pas pour vous contredire ; mais je suis tellement pressé en ce moment...

MADAME BELLEGARDE.

Je vous comprends, monsieur, je vous comprends et je finis. Je vous disais donc... que vous disais-je ?

DURAND.

Que vous avez une fille.

MADAME BELLEGARDE.

Ah ! c'est cela : charmante, monsieur, d'une humeur si douce, de manières si distinguées !... Elle a dix-huit ans à peine, c'est moi qui ai fait son éducation, et puis elle a cent mille écus de dot. Vous êtes marié, monsieur ?

DURAND.

Oui, madame.

MADAME BELLEGARDE.

Oh ! on n'a pas besoin de le demander ; quand on voit cet ordre, cette tenue et puis, un notaire...

DURAND.

Vous disiez, madame ?...

MADAME BELLEGARDE.

Qu'elle est ma fille unique ; c'est tout vous dire.

DURAND.

Mon Dieu, madame, songez que les affaires...

MADAME BELLEGARDE.

Oh ! vous avez bien raison : les affaires avant tout.

Vous comprenez bien, monsieur, qu'avec sa dot, son âge et son éducation, ma fille a été plus d'une fois demandée en mariage. Certes les concurrents n'ont pas manqué. Je ne vous parlerai pas d'un magistrat de Paris, d'un banquier de Pontoise, d'un propriétaire de Perpignan et de tant d'autres dont l'énumération serait trop longue, et j'arrive immédiatement au sujet qui m'amène.

DURAND.

Enfin !

MADAME BELLEGARDE.

Vous êtes notaire, monsieur ?

DURAND.

Oui.

MADAME BELLEGARDE.

C'est un bel état.

DURAND.

Pas toujours.

MADAME BELLEGARDE.

Je viens vous demander des renseignements. Il s'agit de ma fille, monsieur, d'une fille qui a à peine...

DURAND.

Dix-huit ans.

MADAME BELLEGARDE.

Dont j'ai fait...

DURAND.

L'éducation.

MADAME BELLEGARDE.

Et à qui je donne...

DURAND.

Cent mille écus.

MADAME BELLEGARDE.

Comment le savez-vous ? C'est peut-être moi qui vous l'ai dit ? Sa main m'a été demandée, entre autres, par un de vos clients, Arthur Laroche.

DURAND, à part.

Arthur ? Encore !

MADAME BELLEGARDE.

N'est-ce pas, monsieur, que c'est un jeune homme charmant?

DURAND.

Vous le connaissez ?

MADAME BELLEGARDE.

Nullement. Il est blond, n'est-ce pas, monsieur ? Dites-moi qu'il est blond.

DURAND.

Mon Dieu, madame, il est blond comme tout le monde.

MADAME BELLEGARDE.

Il est blond. Il est grand, n'est-ce pas, monsieur?

DURAND.

Il est grand, il est grand comme moi.

MADAME BELLEGARDE.

Ah ! vous êtes d'une jolie taille. Vous êtes marié ?

Oui, vous me l'avez dit. Vous avez là deux charmants vases de la Chine : j'ai les pareils. Combien vous ont-ils coûté ?

DURAND, à part.

Ah ! l'agréable belle-mère ! (Haut.) Madame, je suis désolé, mais il est deux heures, et il faut absolument...

MADAME BELLEGARDE.

Monsieur, je serais désolée de vous porter le moindre préjudice. Ne vous dérangez donc pas. Seulement dites-moi où je pourrai voir ce cher Arthur ?

DURAND.

Son domicile est chez moi ; mais il est sorti.

MADAME BELLEGARDE.

A quelle heure rentrera-t-il ?

DURAND.

Je n'en sais rien.

MADAME BELLEGARDE.

Ce cher enfant ! Il est blond, j'en avais le pressentiment. J'ai toujours eu un faible pour les blonds ; mon mari était brun, monsieur.

DURAND.

Allons, madame, une fois pour toutes, il faut que je sorte.

MADAME BELLEGARDE.

Oh ! très-bien : sortez, rentrez, faites comme chez vous. Pour moi, il faut que je voie Arthur et je l'attends.

13.

DURAND.

Comment ? Ici, chez moi !

MADAME BELLEGARDE.

Je ne vous retiens pas. Je n'ai pas l'habitude de déranger les gens. Je reste volontiers seule. Ne vous occupez pas de moi ; allez, allez, mon cher monsieur Durand.

DURAND.

Ma foi, madame, puisqu'il n'y a pas moyen de faire autrement, j'ai l'honneur de vous saluer.

MADAME BELLEGARDE.

Votre servante, monsieur.

DURAND.

Ah ! l'agréable belle-mère !

Il sort.

MADAME BELLEGARDE.

Veuillez avoir la bonté de m'envoyer le journal du jour.

## SCÈNE V

## MADAME BELLEGARDE, puis ANTOINE et JUSTINE

MADAME BELLEGARDE.

Il est bien gentil, ce petit notaire, bien aimable ; enfin il est marié. C'est joli ici. J'ai soif. Il y a bien

quelques domestiques dans la maison... (Elle sonne.) Il
fait chaud.

Elle ouvre la fenêtre.

ANTOINE.

Qui est-ce qui sonne ?

MADAME BELLEGARDE.

Ah ! c'est vous. Mon ami, veuillez m'apporter une
carafe d'eau bien fraîche avec un verre...

ANTOINE, à part.

Quelle est cette femme ?

MADAME BELLEGARDE.

Et du sucre.

ANTOINE.

C'est bon.

MADAME BELLEGARDE.

Et de la fleur d'oranger.

ANTOINE.

Bien.

MADAME BELLEGARDE.

Et le journal.

ANTOINE.

Ah !

MADAME BELLEGARDE.

Y a-t-il une bonne dans la maison ?

ANTOINE.

Il y a Justine.

MADAME BELLEGARDE.

Appelez Justine.

ANTOINE.

Je puis m'en aller, cette fois?

MADAME BELLEGARDE.

Oui, mon ami ; je vous recommande l'eau bien fraîche. (Antoine sort.) Oh ! mes pressentiments ne me trompent jamais. J'étais bien certaine que c'était un jeune homme à la taille bien prise, aux manières élégantes ; je suis sûre qu'il monte à cheval, qu'il fume. (Justine entre.) Ah ! c'est vous, Justine ? Approchez, mon enfant. Vous dites donc qu'il est blond, blond cendré, n'est-ce pas ? Il a une petite moustache retroussée ? Il a nécessairement les yeux bleus ?...

ANTOINE, rentrant.

Voilà l'eau fraîche.

Il sort.

MADAME BELLEGARDE.

Merci, mon ami. Laissez-nous. Continuez, Justine. Il est distingué dans sa mise? Il a la vue basse. Rien ne donne plus l'air élégant. On porte si bien le pince-nez aujourd'hui !

JUSTINE, à part.

Quelle est cette vieille folle ?

MADAME BELLEGARDE.

Mon enfant, versez-moi, je vous prie, de l'eau dans ce verre. Bien. Du sucre. Encore un morceau. Bien. Maintenant de la fleur d'oranger. C'est un antispasmodique. J'en ai besoin pour mes nerfs. Merci. Y a-t-il longtemps que vous êtes dans la maison ?

JUSTINE.

Je crois bien ! Il y a trois mois.

MADAME BELLEGARDE.

Alors vous devez bien le connaître au moral comme au physique. Les qualités du cœur correspondent-elles aux avantages extérieurs ?

JUSTINE.

De qui me parlez-vous ?

MADAME BELLEGARDE.

D'Arthur.

JUSTINE.

Arthur ?

MADAME BELLEGARDE.

Arthur Laroche.

JUSTINE.

Je ne le connais pas.

MADAME BELLEGARDE.

Comment ? L'ami de M. Durand ?

JUSTINE.

Ah ! c'est ce petit jeune homme qui est arrivé ce matin, à ce que m'a dit Antoine. Je ne l'ai pas vu.

MADAME BELLEGARDE.

Que ne le dites-vous tout de suite ? Impertinente que vous êtes ! Depuis une heure vous ne faites que me parler de ses cheveux blonds, de ses yeux bleus, de sa moustache, de son pince-nez! Que faites-vous ici? Qui vous demande? Qui vous retient? Sortez !

JUSTINE.

Madame, quand il y aura une place chez vous, je vous demande la préférence.

Elle sort.

## SCÈNE VI

## MADAME BELLEGARDE.

A-t-on vu de pareilles péronnelles? Voyons ce que dit le journal. D'abord je suis bien résolue à ne pas quitter la place, dussé-je lire le premier Paris et les annonces ! Quand on a cherché un gendre pendant dix ans, on n'a garde de lâcher celui qui se présente. Ma pauvre fille, va, tu seras heureuse ! (Elle lit :) « Tribunaux. Procès en séparation. » Mais je ne t'abandonnerai pas, ma fille ! Tu auras encore besoin de mes conseils. Nous dresserons ensemble ton mari. Va, les hommes ne sont pas si difficiles à manier que l'on croit. Il ne s'agit que de savoir les prendre. (Elle lit :) « Empoisonnement d'un mari par sa femme. » Dieu ! que ces journaux sont monotones!

LE GÉNÉRAL, dans la coulisse·

Je vous dis que je l'attendrai.

MADAME BELLEGARDE.

C'est lui, c'est Arthur !

LE GÉNÉRAL.

Sacrebleu ! je suis le général Leturcq !

MADAME BELLEGARDE.

Ce n'est pas lui.


# SCÈNE VII

## MADAME BELLEGARDE, LE GÉNÉRAL.


LE GÉNÉRAL.

Cette maison est une véritable citadelle. Je suis entré plus facilement au Trocadéro. (Apercevant madame Bellegarde.) Pardon, madame, je n'avais pas eu l'honneur de vous apercevoir.

MADAME BELLEGARDE, saluant.

Monsieur...

LE GÉNÉRAL.

Vous êtes de la maison ?

MADAME BELLEGARDE.

Non, monsieur, je viens pour affaire. J'attends ce cher M. Durand, mon notaire.

LE GÉNÉRAL.

Moi de même.

Il s'assied.

MADAME BELLEGARDE, après un moment de silence.

Croyez-vous qu'il rentre bientôt ?

LE GÉNÉRAL.

Je n'en sais rien, madame.

MADAME BELLEGARDE, après un moment de silence.

Ah ! monsieur, c'est une grande chose que d'établir sa fille unique !

LE GÉNÉRAL.

Vous savez donc...

MADAME BELLEGARDE.

Oui, c'est pour un mariage que je viens chez le notaire.

LE GÉNÉRAL.

C'est comme moi.

MADAME BELLEGARDE.

Ah ! monsieur, si vous connaissiez ma fille ! C'est moi qui ai fait son éducation ; elle a dix-huit ans à peine et je lui donne cent mille écus de dot.

LE GÉNÉRAL.

Cent mille écus ? Comme moi.

MADAME BELLEGARDE.

Vous aussi, général ? Pardon, quel âge a monsieur votre fils ?

LE GÉNÉRAL.

Mon fils est une fille, madame.

MADAME BELLEGARDE.

Une fille aussi ? Quel singulier rapprochement ! N'est-ce pas, monsieur, qu'il en coûte de se séparer d'un enfant sur lequel on a concentré toutes ses affections ?

LE GÉNÉRAL.

Sacrebleu ! madame, je ne suis pas de votre avis et

je ne suis pas fâché d'en finir. Voilà assez longtemps
que je promène partout mon Emma pour la marier.

MADAME BELLEGARDE.

Comment ? avec trois cent mille francs ?

LE GÉNÉRAL.

Eh ! sans doute. C'est que par-dessus ses trois cent
mille francs elle a un peti défaut.

MADAME BELLEGARDE.

Eh ! général, qui n'a pas les siens ?

LE GÉNÉRAL.

Oui, mais il y a défaut et défaut.

MADAME BELLEGARDE.

Tenez, ma fille qui est le modèle de toutes les per-
fections physiques et morales, ma fille a (personne ne
s'en aperçoit ; mais rien n'échappe à l'œil d'une mère),
ma fille, dis-je, a une légère différence dans une épaule.

LE GÉNÉRAL.

Oui, elle est bossue.

MADAME BELLEGARDE.

Monsieur !...

LE GÉNÉRAL.

Eh ! madame, la mienne est boiteuse.


# SCÈNE VIII

LES MÊMES, ARTHUR, arrivant tout effaré.


ARTHUR, à part.

Une bossue et une boiteuse. (Apercevant le général et

madame Bellegarde.) Quelles sont ces personnes ? Qu'a-
t-on à me regarder ainsi ?

LE GÉNÉRAL, à part.

Un jeune homme... Serait-ce mon gendre ?

MADAME BELLEGARDE.

Blond, vingt-cinq ans, moustache... C'est Arthur.

LE GÉNÉRAL.

Dites-moi, jeune homme...

MADAME BELLEGARDE.

Pardon, monsieur, j'attends ici quelqu'un. Serait-ce
vous ?

ARTHUR.

Non, madame, non.

MADAME BELLEGARDE.

Vous êtes sans doute un ami du notaire ?

ARTHUR.

Son ami ?... Je le connais.

MADAME BELLEGARDE.

Alors vous devez connaître M. Arthur Laroche.

ARTHUR.

Arthur Laroche ?

LE GÉNÉRAL.

Arthur Laroche !... Attendez donc que je consulte
mes notes.

MADAME BELLEGARDE, à Arthur.

Vous le connaissez ?

LE GÉNÉRAL.

C'est bien cela. (A madame Bellegarde·) Vous connaissez Arthur Laroche ?

MADAME BELLEGARDE.

Sans doute, puisqu'il doit épouser ma fille.

LE GÉNÉRAL.

Lui !

MADAME BELLEGARDE.

Lui-même.

LE GÉNÉRAL.

Pardon, madame. Nous disons Arthur Laroche.

MADAME BELLEGARDE.

Blond, vingt-cinq ans, moustache, pince-nez.

LE GÉNÉRAL.

Mais c'est mon gendre, madame.

MADAME BELLEGARDE.

Mais c'est le mien, monsieur.

LE GÉNÉRAL.

Voilà qui est violent.

MADAME BELLEGARDE.

Je vous trouve plaisant.

ARTHUR, à part.

Comment vais-je me tirer de là?

LE GÉNÉRAL.

J'ai là des preuves écrites.

MADAME BELLEGARDE.

Voici des lettres, des pièces incontestables. D'ailleurs,
monsieur, je suis arrivée la première.

LE GÉNÉRAL.

J'étais déjà venu ce matin.

MADAME BELLEGARDE.

Et je vous dis, monsieur, qu'il épousera ma fille !

LE GÉNÉRAL.

Et je vous dis, madame, qu'il épousera la mienne !

MADAME BELLEGARDE.

Une boiteuse !

LE GÉNÉRAL.

Une bossue !

MADAME BELLEGARDE, à Arthur.

Monsieur, vous m'êtes témoin : Vous connaissez Arthur ; c'est un jeune homme loyal qui ne voudra pas manquer à sa promesse sacrée. Dites-lui...

LE GÉNÉRAL.

Dites-lui qu'il est un misérable.

MADAME BELLEGARDE.

Dites-lui qu'il est trop galant homme...

LE GÉNÉRAL.

Dites-lui qu'il est un polisson.

MADAME BELLEGARDE.

S'il refuse de m'entendre...

LE GÉNÉRAL.

S'il ne comprend pas ce que parler veut dire...

MADAME BELLEGARDE.

Je le poursuivrai jusqu'au bout du monde.

LE GÉNÉRAL.

Je le forcerai bien à tenir sa promesse !

MADAME BELLEGARDE.

Je crierai par-dessus les toits. Il faudra bien qu'il m'entende.

LE GÉNÉRAL.

Il apprendra à me connaître.

MADAME BELLEGARDE.

Tous les moyens me seront bons.

LE GÉNÉRAL.

Je n'ai jamais reculé devant rien.

MADAME BELLEGARDE.

Je lui montrerai ma fille !

LE GÉNÉRAL.

Je lui couperai les oreilles !

MADAME BELLEGARDE.

Je lui intenterai procès sur procès !

LE GÉNÉRAL.

Je le hacherai comme chair à pâté !

MADAME BELLEGARDE.

Il saura ce que c'est que la veuve Bellegarde !

LE GÉNÉRAL.

Je suis le général Leturcq !

# SCÈNE IX

## Les Mêmes, DURAND.

DURAND.

Voici les stalles... (Apercevant madame Bellegarde et le général.) Encore ici !

ARTHUR, bas à Durand.

Pour le coup, tire-t-en comme tu pourras, et sauve qui peut !

Il sort.

LE GÉNÉRAL.

Monsieur, vous voici enfin.

MADAME BELLEGARDE.

Monsieur, je vous tiens !

LE GÉNÉRAL.

Nous allons éclaircir la situation.

MADAME BELLEGARDE.

Oui, il faut en finir.

LE GÉNÉRAL.

Votre ami...

MADAME BELLEGARDE.

Arthur...

LE GÉNÉRAL.

Où est-il ?

MADAME BELLEGARDE.

Je veux le voir.

LE GÉNÉRAL.

Il me faut son sang.

MADAME BELLEGARDE.

Il a déshonoré ma fille.

LE GÉNÉRAL.

Madame, expliquons-nous...

MADAME BELLEGARDE.

Oui, monsieur, clairement.

LE GÉNÉRAL.

Chacun à son tour.

MADAME BELLEGARDE.

Vous avez raison.

LE GÉNÉRAL.

Laissez-moi donc parler.

MADAME BELLEGARDE.

Taisez-vous donc un moment.

DURAND.

Quand vous aurez fini, je commencerai. Je suis notaire, monsieur, je fais des actes, madame; je reçois des dépôts d'argent; je donne des renseignements. Tous mes clients sont mes amis; je n'en ai pas d'autres. Arthur est mon client et il a deux cent mille francs.

LE GÉNÉRAL.

Mais, ce matin, vous m'avez dit...

DURAND.

Deux cent mille francs.

MADAME BELLEGARDE.

Mais ma fille...

DURAND.

Deux cent mille francs.

LE GÉNÉRAL.

Ce jeune homme...

DURAND.

Deux cent mille francs.

MADAME BELLEGARDE.

Elle en mourra, monsieur !

DURAND.

Deux cent mille francs, madame !

LE GÉNÉRAL.

Je suis le gé...

A ce moment on entend une détonation dans la coulisse.

TOUS.

Ciel !

Madame Bellegarde tombe évanouie sur le canapé : Durand se sauve par le fond.

## SCÈNE X

### MADAME BELLEGARDE, évanouie, LE GÉNÉRAL.

LE GÉNÉRAL.

Remettez-vous, belle dame, remettez-vous. Hé! là! quelqu'un!... — Personne? Madame, je vous en prie... Quelle horrible situation! J'aimerais mieux avoir à enlever une redoute. Madame, allons, madame, sacre-bleu!... Je ne sais comment la prendre. Madame, je suis le général Leturcq. Elle ne revient pas à elle. Que faire? Ah! cette eau.

Il lui verse de l'eau sur le visage.

MADAME BELLEGARDE.

Prenez donc garde, monsieur, vous me mouillez.

LE GÉNÉRAL.

Enfin elle reprend ses sens.

MADAME BELLEGARDE.

Ma fille!...

## SCÈNE XI

### LES MÊMES, DURAND.

MADAME BELLEGARDE.

Ciel! qu'avez-vous?

14

LE GÉNÉRAL.

Vous êtes pâle.

MADAME BELLEGARDE.

Qu'est-il arrivé ?

DURAND.

Mort !...

MADAME BELLEGARDE et LE GÉNÉRAL.

Qui ?

DURAND.

Arthur.

MADAME BELLEGARDE et LE GÉNÉRAL.

Arthur ?... Comment ?

DURAND.

Suicidé.

MADAME BELLEGARDE et LE GÉNÉRAL.

Ah !...

DURAND.

Voici les dernières lignes que sa main a tracées :
« Qu'on n'accuse personne de ma mort ! »

MADAME BELLEGARDE.

Pauvre jeune homme !...

DURAND, continuant.

« Je meurs victime d'un double amour ; Artémise,
Emma, ma dernière pensée est pour vous ! »

MADAME BELLEGARDE.

Il aimait Artémise, le malheureux !

LE GÉNÉRAL.

Il aimait Emma !... Infortuné !

DURAND.

Pleurez-le, monsieur, pleurez-le, madame ; il eût
été bon époux et bon père.

MADAME BELLEGARDE.

Ah ! je veux le voir : il est mon gendre.

DURAND.

Impossible, madame ; son cadavre a été enlevé.

MADAME BELLEGARDE

Vingt-cinq ans !

LE GÉNÉRAL.

Deux cent mille francs !

DURAND.

Et maintenant, adieu. Je vais rendre les derniers devoirs à mon malheureux ami.


# SCÈNE XII

## MADAME BELLEGARDE, LE GÉNÉRAL

LE GÉNÉRAL.

Allons, il ne me reste plus qu'à plier bagage et opé-
rer ma retraite.

MADAME BELLEGARDE, retombant sur le canapé.

Ah !

LE GÉNÉRAL.

Allons, madame, au revoir et bon courage.

MADAME BELLEGARDE.

Jamais, jamais je ne me consolerai.

LE GÉNÉRAL.

Que diable, madame, il faut de la philosophie.

MADAME BELLEGARDE.

Ah ! monsieur, vous ne savez pas ce que c'est que d'être mère !...

LE GÉNÉRAL.

Eh ! madame, je suis père ; c'est déjà bien assez !

MADAME BELLEGARDE.

Mais vous ne pouvez pas apprécier...

LE GÉNÉRAL.

Madame, voulez-vous que je vous raconte mon histoire?

MADAME BELLEGARDE.

Oui, général, je vous raconterai la mienne.

LE GÉNÉRAL.

Madame, je suis le général Leturcq. Voilà douze ans que je suis veuf avec une fille sur les bras. Vous comprenez que mon premier souci a été de m'en débarrasser. Je l'ai conduite dans le monde, aux revues, aux parades, aux exercices. Le croiriez-vous ? Il n'y a pas le plus grêle bourgeois, le plus mince sous-lieutenant qui ait daigné demander sa main. Enfin, après douze ans de recherches, je trouve un gendre, un gendre !... comprenez-bien ce mot-là. Je l'accepte, je le retiens, je m'en empare, je le saisis... il se brûle la cervelle !...

MADAME BELLEGARDE.

Et moi, monsieur !... Mon mari (il est mort et je ne veux rien dire de lui, le pauvre homme ! Mais enfin, je suis droite, il est aisé de s'en convaincre), mon mari me laissa veuve et mère à vingt-cinq ans. Je me dévouai à ma fille ; je résolus de ne vivre que pour elle. J'avais quelque petits talents, je les lui donnai. Piano, chant, arithmétique, dessin, couture, broderie, grammaire, elle sait tout. Physiquement, elle me ressemble, et malgré tout cela...

LE GÉNÉRAL.

Vous n'avez pu la marier ?

MADAME BELLEGARDE.

Je ne dis pas cela.

LE GÉNÉRAL.

Il faut que les jeunes gens d'aujourd'hui aient perdu les notions les plus élémentaires du bon goût et du savoir-vivre.

MADAME BELLEGARDE.

Et je lui donne trois cent mille francs.

LE GÉNÉRAL.

Comme moi, madame.

MADAME BELLEGARDE.

Et si vous saviez tout l'argent que j'ai dépensé pour elle !

LE GÉNÉRAL.

Ah ! si les parents récapitulaient ce que leur a coûté une fille majeure !...

MADAME BELLEGARDE.

Vingt fois j'ai pu me remarier, j'ai refusé les partis les plus brillants.

LE GÉNÉRAL.

Sans doute : on ne veut rien enlever à sa fille.

MADAME BELLEGARDE.

Et au moment où je trouve un homme jeune, beau blond... Aussi c'est fini...

LE GÉNÉRAL.

Pour moi, j'y renonce.

MADAME BELLEGARDE.

Qu'on vienne encore me la demander !

LE GÉNÉRAL.

Je la refuse !

MADAME BELLEGARDE.

Fût-il beau comme Narcisse !

LE GÉNÉRAL.

Fût-il millionnaire !

MADAME BELLEGARDE.

Ma fille est mariée !

LE GÉNÉRAL.

Ma fille est veuve !

MADAME BELLEGARDE.

Je veux qu'elle porte le deuil de son Arthur !

LE GÉNÉRAL.

Qu'elle se fasse religieuse !

MADAME BELLEGARDE.

Et je me remarierai !

LE GÉNÉRAL.

Et je me rema... Madame, quel âge avez-vous ?

MADAME BELLEGARDE.

Je me suis mariée si jeune ! J'ai trente-six ans.

LE GÉNÉRAL.

Je vous eusse donné moins.

MADAME BELLEGARDE.

Et vous, général ?

LE GÉNÉRAL.

J'en ai quarante-huit.

MADAME BELLEGARDE.

Vous êtes encore vert.

LE GÉNÉRAL.

Vous n'avez qu'une fille ?

MADAME BELLEGARDE.

Hélas ! oui.

LE GÉNÉRAL.

Comme moi. Et vous lui donnez ?

MADAME BELLEGARDE.

Trois cent mille francs.

LE GÉNÉRAL.

Comme moi.

MADAME BELLEGARDE.

Comme vous.

LE GÉNÉRAL.

Il y a entre nous une conformité de situation bien étrange.

MADAME BELLEGARDE.

Il est vrai.

LE GÉNÉRAL, après un moment de silence.

Il est probable que tout en donnant trois cent mille francs à votre fille, vous ne vous étiez pas démunie, vous ne restiez pas les mains vides.

MADAME BELLEGARDE.

Non certes. J'en conservais au moins autant devers moi.

LE GÉNÉRAL.

Moi de même. N'y aurait-il pas d'indiscrétion à vous demander en quoi consiste votre fortune ?

MADAME BELLEGARDE.

Nullement, général. La plus grande partie se compose de propriétés rurales.

LE GÉNÉRAL.

Bon, bon.

MADAME BELLEGARDE.

J'ai deux fermes qui me rapportent douze mille francs ; je les compte pour trois cent mille francs.

LE GÉNÉRAL.

Ce n'est pas trop.

MADAME BELLEGARDE.

J'ai cent cinquante mille francs placés à cinq sur hypothèque.

LE GÉNÉRAL.

Sur première hypothèque ?

MADAME BELLEGARDE.

Bien entendu. Enfin, le reste, deux cent mille francs environ est placé en quatre et demi, en obligations de la ville de Paris, et quelque peu en Consolidés Espagnols, dette passive.

LE GÉNÉRAL.

Très-bien !

MADAME BELLEGARDE.

Et vous, général ?

LE GÉNÉRAL.

Moi, madame, c'est bien simple : j'ai ma retraite de général: six mille francs, plus un immeuble rue Saint-Honoré à Paris qui me rapporte vingt-huit mille, trois cent soixante-cinq francs, soixante-quinze centimes.

MADAME BELLEGARDE.

Cette maison est-elle sujette à l'alignement?

LE GÉNÉRAL.

Non, madame, elle est de construction récente.

MADAME BELLEGARDE.

Voilà qui vaut bien mieux que toutes les propriétés rurales.

LE GÉNÉRAL.

Pardon, pardon : je ne suis pas de votre avis. Les

locataires sont si exigeants : puis il y a les réparations.

MADAME BELLEGARDE.

Oui : mais nous avons les fermiers ; il y en a toujours quelques-uns en retard.

LE GÉNÉRAL.

Ma foi, madame, j'échangerais bien ma fortune contre la vôtre.

MADAME BELLEGARDE.

Eh ! qui sait ? Je ferais peut-être une bonne affaire.

LE GÉNÉRAL.

Et vous êtes dorénavant bien décidée à ne pas marier votre fille ?

MADAME BELLEGARDE.

Oh ! j'en prendrais volontiers l'engagement.

LE GÉNÉRAL.

Pour moi, je le prends d'avance. (Après un moment de réflexion.) Sacrebleu ! madame... Ah ! pardon...

MADAME BELLEGARDE.

Parlez, général ; j'aime en vous cette franchise militaire.

LE GÉNÉRAL.

Madame, je suis le général Leturcq... Je ne traîne pas les choses en longueur et je n'y vais pas par quatre chemins. J'ai été colonel de housards, madame. Notre âge nous rapproche ; nous sommes veufs tous les deux ; notre fortune est égale. Vous avez besoin d'un mari ; j'ai besoin d'une femme. Voulez-vous accepter ma main ? La voici.

MADAME BELLEGARDE.

Monsieur, je ne sais...

LE GÉNÉRAL.

Vous trouvez un protecteur pour votre fille ; vous devenez une mère pour la mienne, et si nous avons d'autres enfants qui, cette fois, seront droits et bien constitués...

MADAME BELLEGARDE.

Général !...

LE GÉNÉRAL.

Eh ! bien, il nous restera de quoi les élever et même les marier. J'attends votre réponse, madame, et je suis votre très-humble serviteur.

MADAME BELLEGARDE.

Général, je vous sais gré de votre franchise et votre demande ne peut que m'honorer. Cependant, s'il vous est permis à vous, homme de guerre, de brusquer ainsi les choses, il m'est défendu à moi, femme faible et timide, de m'abandonner avec cette brusquerie. Je ne repousse pas vos offres. Vous me paraissez être un galant homme. Je vous autorise à me faire votre cour. Vous viendrez me rendre vos devoirs chez moi, en présence de ma fille. Mais vous comprendrez qu'après l'ouverture que vous venez de me faire il ne me sied plus de rester avec vous sans témoin et dans une maison étrangère.

LE GÉNÉRAL.

Belle dame, je comprends et j'apprécie cette pudeur.

MADAME BELLEGARDE.

Votre bras, général.

LE GÉNÉRAL.

Et quand pourrai-je avoir la faveur de vous présenter mes hommages ?

MADAME BELLEGARDE.

Je serai demain chez moi toute la journée.

LE GÉNÉRAL.

Madame, je suis le plus heureux des généraux.

MADAME BELLEGARDE.

Général, vous me raconterez vos campagnes.

LE GÉNÉRAL.

Oui, madame. (A part.) Je lui narrerai la prise du Trocadéro.

> Au moment où madame Bellegarde et le général sortent, Arthur et Durand entrent par la même porte ; en se rencontrant ils prennent tous l'air consterné et se serrent douloureusement la main.

## SCÈNE XIII

## DURAND, ARTHUR.

ARTHUR.

Ils étaient encore ici ! Ah ! la plaisante histoire!

DURAND.

Oui, ris, je te le conseille. Sais-tu, mon cher Arthur, que tu compromets gravement ma dignité de notaire. J'espère au moins que te voilà corrigé.

ARTHUR.

Pourquoi? Est-ce à dire que toutes les femmes sont bossues ou boiteuses?

DURAND.

Allons, n'y pensons plus. Oublions cette journée et ne songeons plus qu'à nos plaisirs. Profitons de nos vacances. Voici les billets de spectacle ; allons dîner.


## SCÈNE XIV


Les Mêmes, JUSTINE, puis ANTOINE,
Ils sont tous deux endimanchés.


JUSTINE.

Voici deux lettres pour monsieur Arthur.

ARTHUR.

Pour moi, donnez.

JUSTINE.

Bonsoir, monsieur, je sors.

ARTHUR, lisant.

« Monsieur, je vous trouve fort impertinent... »

DURAND.

Qu'est cela ?

ARTHUR.

Oh! rien. Une demoiselle que j'avais demandée.

DURAND.

Une troisième ?...

ARTHUR, lisant.

« Madame Sergent a en ce moment plusieurs demoiselles riches à établir. » (Il déchire la lettre.) « Madame Bavolet tient trousseaux et layettes. »

Il la déchire de même.

DURAND, riant.

Ah ! ah ! ah !... Qu'y a-t-il, Antoine ? Quels sont ces paquets ?

ANTOINE.

Ces paquets ? C'est madame qui revient.

DURAND.

Ma femme !

JUSTINE

Allons. Au diable la sortie !

ANTOINE.

Sac à papier ! je n'ai pas de chance.

DURAND.

C'est inconcevable. Elle m'avait promis de rester huit jours chez sa mère. Je compte là-dessus; je m'arrange en conséquence; et puis tra la la ! il plaît à madame de revenir. On appelle cela faire une surprise agréable à son mari. Le diable emporte... Elle est en bas ?

ANTOINE.

Hélas ! oui, monsieur.

JUSTINE, à part.

Mon pauvre cousin !

ANTOINE, même jeu.

Ma pauvre cousine !

ARTHUR, à part.

Ah ! voilà la réception qu'on fait à madame ? Je crois décidément que je ferai bien pour me marier d'attendre la trentaine. (Haut à Durand.) Allons au-devant de ta femme.

DURAND.

Allons au-devant de ma femme !

FIN DE UN MARIAGE POSTHUME

# SECONDES NOCES

## HISTORIETTE

15.

# SECONDES NOCES

C'est un charmant ménage que celui des époux...
Aïe ! me voici, dès le début, dans un grand embarras.
Comme les personnages que je mets en scène existent
réellement, je ne puis livrer leur nom à la publicité
et je vais être obligé d'employer les initiales. Il
s'agit des époux B. Leur mariage a été un roman en
deux volumes... jusqu'à présent. Mademoiselle L...
était si jeune quand elle consentit à devenir madame
B..., que la cérémonie fut accomplie par ambassadeurs. La jeune pensionnaire qui était du Morvan
reçut dans son pays l'anneau et la parole, puis retourna
au couvent réfléchir sur les suites d'une union préma-
turée. Deux ans après, B... revint dans le Morvan et,
cette fois, emporta vers Paris mademoiselle L...
devenue décidément madame B..., qui avait alors dix-
sept ans. Peignons-la aujourd'hui. Elle est brune,
svelte, élégante; teint mat, air intelligent; cultivant
la musique et la peinture, la peinture avec un grand
succès; un peu désœuvrée malgré toutes ses occupa-
tions, nerveuse selon le temps, et variable selon ses
nerfs. B... est un homme d'esprit et de talent, un caractère exquis, un homme d'affaires délicat. Si je lui
cherchais un défaut, je ne le trouverais certainement

pas. Pourtant en cherchant bien...? Oui, on peut l'accuser de faiblesse; c'est le défaut des bons. Il ne sait pas résister aux caprices de sa femme et de ses amis, ce qui fait que ses amis... non, je veux dire sa femme... non, je disais bien, ses amis en abusent quelquefois.

Bien des années ont déjà passé sur ce couple fortuné et assorti. Si B... a dépassé la quarantaine, il est à croire que madame B... n'est pas éloignée du chiffre trente, soit au delà, soit en deçà. Il y a un revers à la médaille : ils n'ont pas d'enfants.

Tous les ans, nos deux amis quittent Paris au mois de mai pour aller s'établir aux environs dans une maison de campagne. La fantaisie dirigeant madame B..., qui dirige M. B..., ils n'ont point de propriété; ils prennent une location dans le site qui leur convient, et plusieurs fois ils ont changé de contrée dans un rayon de vingt kilomètres autour de Paris.

Il y a quelques années, leur ami A. P. R... ayant acheté une habitation à Champigny-sur-Marne, ils vinrent parcourir le pays, le trouvèrent pittoresque, virent une maison de campagne à louer qui leur plut et s'y installèrent bientôt avec enthousiasme. La demeure était vaste, le jardin accidenté. Du perron on voyait, en bas, la Marne et, au loin, Paris! On voisinait. Madame B... peignait et faisait de la musique; B... allait tous les jours à Paris pour ses affaires. Le dimanche, on recevait des amis, on jouait aux boules. C'était une maison heureuse, mais sans enfant. L'ai-je dit? — Oui, je l'ai dit.

Cette existence de calme et de travail attrayant dura pendant six années sans qu'un nuage vînt la

troubler. Il n'y avait là ni mouvement ni inquiétude. Le ciel était toujours pur, l'amour toujours
tranquille et confiant. Il manquait dans tout cela un
peu de tempête. Madame B... avait parfois des langueurs qui tourmentaient son mari. Puis on voyait
venir l'âge, et s'il est vrai que la vie ne compte que
par les incidents qui viennent en marquer les pages,
on pouvait atteindre à la vieillesse sans avoir vécu.
On jouait une pièce d'où l'action était absente et où
l'intérêt de vait manquer.

Au moi s de mars dernier, ils vinrent, avant de
reprendre possession de leur maison de Champigny,
y faire une visite préventive pour s'assurer que l'humidité de l'automne et les gelées de l'hiver n'avaient
altéré ni les papiers peints ni le mobilier. Quelle ne
fut pas leur surprise quand le concierge leur apprit
que le bail était expiré, qu'il n'avait pas été renouvelé et que le propriétaire, M. M... avait résolu d'habiter sa propre maison.

L'incident demandé venait de se produire; mais,
ainsi qu'il arrive souvent, le temps d'aujourd'hui faisait regretter le temps d'hier, et c'est au moment
même de quitter une maison longtemps habitée qu'on
reconnaissait combien elle avait été agréable et hospitalière, et combien on y avait été heureux. Madame
B... entra dans un véritable désespoir. « Quoi! quitter
ce parc délicieux ( ce n'était plus un jardin) ! ce château
si bien situé (ce n'était plus une maison)! Et que
faire de ce mobilier amené là pièce à pièce pendant
six ans? Où placer ce piano et ces chevalets? C'était
une existence détruite !... » B..., partageant le chagrin
de sa femme, courut le pays à la recherche d'une villa.

Rien ne pouvait remplacer ce qu'on avait perdu...
Madame B... tomba malade; ses nerfs surexcités ren-
dirent son caractère méconnaissable. Son amour pour
son mari reçut une atteinte fâcheuse. Paris lui devint
insupportable, la vie odieuse. Ce pauvre B... était
obligé de soigner sa femme, de vaquer à ses affaires,
et de courir à Champigny pour retirer les meubles
mis à la porte par M. M... Il trouva dans le village
une maisonnette vacante, il y empila son mobilier
et revint à Paris annoncer que tout était en sûreté.
Mais la malade ne lui sut aucun gré de ses peines et
de ses fatigues. « C'est ta faute, lui disait-elle; imagine-
t-on qu'un homme d'affaires ne sache pas qu'il
arrive à fin de bail et se laisse mettre sur le pavé
avec sa femme? » B... se dépitait, cherchait et ne trouvait pas. Comment, en effet, aurait-il trouvé? Il allait
voir des villas, des châteaux, et revenait en conter des
merveilles à sa femme qui répondait invariablement :
« Je veux la maison que nous avons habitée et où
nous avons été heureux ! »

B... dit un jour à sa femme : « Ma chère amie,
voici le milieu d'avril, époque où tous les ans nous
sommes installés à la campagne. L'air de Paris ne te
convient pas dans cette saison. Va passer quelques
jours dans ton pays. Il te faut l'air natal. Tu oublieras
un peu tes chagrins, un peu ton mari. Reprends ton
anneau, rends-moi le mien. Retourne vivre en jeune
fille près de ta mère, comme tu rentras après nos
fiançailles pensionnaire au couvent. Puis si, avec la
santé, tu retrouves ton affection, nous ferons un
nouveau bail d'amour. »

Le 18 avril, madame B... partit pour le Morvan.

Elle resta huit jours sans recevoir de lettre de son mari et sans lui écrire. Vers la fin du mois, elle reçut la lettre suivante.

« Mademoiselle,

» Vous êtes si jeune que vous avez peut-être oublié que vous êtes mariée spirituellement. Rappelez vos souvenirs. Vous aviez quinze ans quand j'ai eu l'occasion de vous voir. Je devins éperdument épris de vous. Vous êtes convenue depuis que vous ne m'aviez pas regardé avec indifférence. Nos parents n'ont eu à objecter contre nos projets que votre âge. Mais nous étions si pressés, si pressés, qu'il a fallu qu'on nous mariât. La cérémonie s'est faite ; mais, selon les conventions établies, je dus rester à Paris, et vous rentrâtes au couvent pour deux ans. Ces deux années sont sur le point d'expirer, et je viens, mademoiselle ma femme, vous demander si vous êtes toujours dans les mêmes sentiments et si je puis aspirer à l'honneur d'être effectivement votre respectueux et dévoué mari.

» B... »

Madame B... répondit dans ces termes.

« Monsieur,

» Si vous avez des droits et que vous vouliez les faire valoir, je ne puis vous en empêcher. Cependant j'aimerais mieux être conquise autrement. Trouvez quelque moyen persuasif. Touchez mon cœur et je suis à vous.                    » A. L.. »

B... répliqua.

« Madame,

» Voici ce que j'ai fait. C'est bien simple. J'avais des meubles que j'ai déposés dans une maisonnette à Champigny. Dans l'impossibilité où j'étais de trouver une habitation qui fût conforme à vos goûts et aux habitudes que je vous suppose, j'ai songé que deux amants n'avaient pas besoin d'un palais, et j'en suis venu à me prouver à moi-même que la chaumière où je me trouve serait le plus joli des nids si le tapissier y passait et si l'amour voulait y séjourner. J'ai fait peindre en blanc la façade, en vert la porte et la fenêtre du rez-de-chaussée ainsi que les deux fenêtres du premier, de l'unique étage. L'appartement est bien exigu; il y a deux chambres. Notre piano a dû entrer par la fenêtre. Il est dans la chambre de l'Est. Un mètre carré a ses quatre points cardinaux aussi bien qu'un hectare. Par bonheur, nous avons dans la cour un hangar où je rentre tout le superflu. La cour, ai-je dit ? c'est plutôt un jardin. Il y a là quelques arbustes et un peu d'herbe. Un lilas vous attend pour fleurir. Vous aurez à peindre de charmants intérieurs de cour et de jardins. J'ai écrit jardins au pluriel. Il y en a trois superposés avec des escaliers disjoints et moussus qui offrent des tons fort riches. Les femmes et les enfants des maisons voisines vous seront de précieux modèles qui poseront sans le savoir. Il y a des poules dans la cour des voisins ou dans la nôtre, car cette architecture composite est faite pour vous confondre. Votre chambre est rose. Il y a une cuisine toute petite qu'on

pourrait appeler intime. Nous avons la moitié des
légumes et des fruits d'un des trois jardins, je ne sais
lequel. La clef de notre maison pèse 340 grammes.
Tout cela me plaît et me fait sourire. Je me suppose
revenu à l'époque où j'étais étudiant. J'ai peur que
cette simplicité ne soit pas de votre goût. Vous êtes
trop élégante, trop châtelaine pour apprécier un petit bonheur de ce genre. Je vous assure cependant qu'on peut
s'en contenter. Voulez-vous venir voir ce réduit cham-
pêtre? Je le trouve déjà joli sans vous. Il y manque une
voix et une âme. Qu'en dites-vous, mademoiselle?

» B. »

Cette fois, madame B... envoya une dépêche: « Quand
dois-je partir? Réponse payée. — « Tout de suite.
Soyez à Moret (gare) 10 heures matin. »

A dix heures du matin, le 15 mai, M. et madame B...
se retrouvaient à la gare de Moret. Madame B... qui
ne comprenait pas cet arrêt à une station intermédiaire
voulait reprendre le premier train pour Paris. B... s'y
opposa. « Viens voir, dit-il, la petite ville de Moret: elle
est fort curieuse. » Ils allèrent visiter la mairie. Justement deux jeunes mariés y entraient suivis des deux
familles. M. et madame B..., bras dessus, bras dessous,
se joignirent à la noce. Quand le maire, ceint de son
écharpe, fit aux deux nouveaux époux les questions
d'usage, B... et sa femme supposèrent que ces questions leur étaient adressées et firent une réponse affir-
mative. Après la mairie, l'église : même cérémonie.
Au moment précis, B... et sa femme firent l'échange
des anneaux. Ils donnèrent en cachette chacun une
pièce de vingt francs au Suisse qui les regarda avec stu-

péfaction. Puis les deux époux regagnèrent la gare du chemin de fer. Plus d'un à Moret remarqua ces deux personnages inconnus qui avaient accompagné la noce. Les parents de la fille crurent que ce couple était de la connaissance du garçon. De même de l'autre côté. Ils avaient ainsi fait honneur aux deux familles.

M. et madame B... arrivés à Paris allèrent directement de la gare de Lyon à la gare de Vincennes et s'installèrent dans leur nouvelle habitation. La femme fut ravie, le mari se montra modestement glorieux.

Ainsi se firent les secondes noces des époux B..., et tout fait espérer que le nouveau bail sera au moins aussi heureux que le premier.

FIN DE SECONDES NOCES

# TABLE



FIN DE LA TABLE

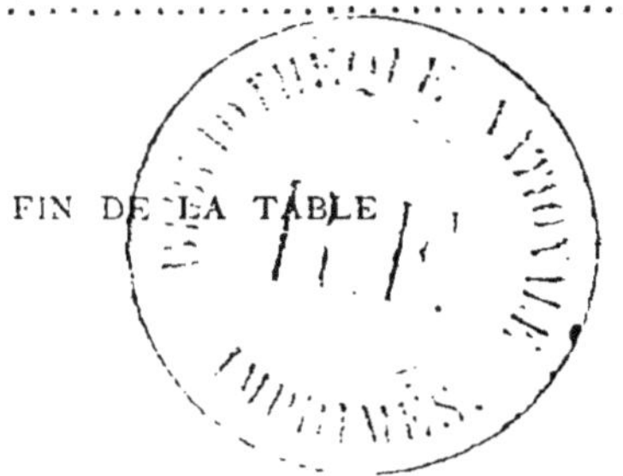


Imprimerie générale de Chatillon-sur-Seine, Jeanne Robert.

9 782013 056618